D1565482

El Masters de mi vida

El Masters de mi vida

Mi historia

Tiger Woods con Lorne Rubenstein

Traducción de Enrique Alda

CÓRNER

Título original: *The 1997 Masters: My Story*

Primera edición: junio de 2017

Av. Marquès de l'Argentera 17, pral.
08003 Barcelona
actualidad@rocaeditorial.com
www.editorialcorner.com

Impreso por Liberdúplex, s.l.u.
Crta. BV-2249, km 7,4, Pol. Ind. Torrentfondo
Sant Llorenç d'Hortons (Barcelona)

ISBN: 978-84-945064-7-5
Depósito legal: B. 11267-2017
Código IBIC: WSJG

RC06475

Índice

1

Dar la vuelta

En el Augusta National Golf Club se tarda un minuto o dos en ir del noveno *green* al décimo lugar de salida, y necesitaba ese tiempo para pensar. Había hecho cuarenta golpes en los nueve primeros hoyos del Masters de 1997, el primero que jugaba como profesional después de haber participado como *amateur* los dos años anteriores. En 1996, al acabar una ronda de práctica conmigo, Jack Nicklaus me había comentado que el campo se ajustaba tanto a mi juego que podía ganar más chaquetas verdes que Arnold Palmer y él juntos. Nicklaus había ganado seis Masters, y Palmer, cuatro. Cuando jugué por primera vez en ese campo, pensé que era perfecto para mí. Después, al oír en la radio que Jack había dicho que podía ganar el Masters tantas veces, me pregunté si se daba cuenta de que era una cantidad astronómica. ¿Sabía lo que me costaría conseguirlo? Era un cumplido muy agradable, pero también una cifra tan alta que me parecía imposible siquiera planteármelo.

Imaginé que Jack lo había dicho porque se había fijado en que lanzaba la bola lo suficientemente lejos como para dominar el campo. Si hacía un *birdie* en los primeros cinco hoyos con par 4, tendría un par 68 del campo en vez de 72. Podía hacer los par 5 en dos golpes y utilizaría *wedges* en la mayoría de par 4. A pesar de todo, en los primeros nueve hoyos solo había hecho cuatro *bogeys* y ningún *birdie*. Hice el *tee* de salida muy alto y hacia los árboles, y solo conseguí un *bogey* en el primer hoyo, que no era exactamente el comienzo que esperaba. Después hice otros tres *drives* altos y a la izquierda, hacia los árboles. ¿Qué me estaba pasando? En el noveno hoyo tuve que hacer un buen *putt* para conseguir un *bogey*, solo para acabar los primeros nueve hoyos cuatro sobre par. Pero mientras me dirigía al décimo *tee* tuve muy claro que aquel comienzo no iba a acabar conmigo.

La mayoría de los aficionados opina que nadie se recupera de un 40 en los nueve primeros hoyos del Masters. Más tarde me enteré de que la prensa daba por hecha mi eliminación, incluso cuando iba hacia los últimos nueve hoyos. Solo había hecho la mitad del recorrido y había tenido malos comienzos en las tres finales consecutivas que gané en el U. S. Juniors y en otras tres seguidas en el U. S. Amateurs. Después, en agosto de 1996, anuncié que iba a jugar como profesional y que dejaría Stanford al acabar el segundo año. Iba a ser profesional y tenía un gran desafío por delante.

«Hola, mundo», dije en una conferencia de prensa al día siguiente de anunciar que me había convertido en profesional. Acababa de ganar mi tercer torneo U. S. Amateur consecutivo, en el que acabé cinco bajo par después del recorrido matinal de la final de treinta y seis hoyos contra Steve Scott, un jugador de la Universidad de Florida. A falta de tres hoyos iba dos abajo, pero empaté y gané en el segundo hoyo extra. Era un jugador seguro de mí mismo: me demostré que podía recuperar mi mejor juego incluso cuando las cosas no iban bien. A pesar de todo, Curtis Strange, que había ganado dos veces el U. S. Open y trabajaba para ABC, me preguntó cuáles eran mis aspiraciones. Le contesté que participaba en todos los torneos para ganar. «Ya aprenderás», dijo Strange. Supongo que es normal que se mostrara escéptico, pero yo sabía de lo que era capaz.

Después gané dos de mis primeros ocho PGA Tour como profesional, lo que me permitió jugar el PGA Tour de 1997 sin tener que clasificarme en los torneos. A finales de 1996, tras saberse que iría al Masters, me convertí en el centro de atención de los medios de comunicación. Tuve problemas para sobrellevar aquella situación. Los periodistas me seguían cuando subía al coche, me ponían las cámaras de televisión en la cara, me formulaban preguntas sobre mi vida personal. Así eran las cosas: me di cuenta de que sería mejor que me acostumbrara lo antes posible.

Aquella era mi nueva vida como profesional. Tenía muchas ventajas: el contrato con Nike, volar en aviones privados (diez años más tarde, en mi propio avión). Sin embargo, lo más importante era que disfrutaba jugando al golf y compitiendo. Tenía que soportar que miraran con lupa todo lo que hacía. A veces me agobiaba, pero, tal como me dijo Arnold Palmer, aquello no iba a cambiar, así que... Me preguntaba que si todo aquello iba a más en el Masters, ¿cómo jugaría?

Al principio no jugué bien. Para nada. Hice 40 y me sentí desconcertado y furioso mientras iba hacia el décimo *tee*. Intentaba pensar en lo que acababa de suceder. Necesitaba saber qué había salido tan mal en los primeros nueve hoyos. Los guardias de seguridad y, detrás de ellos, los «patrocinadores», tal como les gusta llamarse a los espectadores en el Augusta National, me seguían a ambos lados mientras caminaba. Concluí que había prolongado demasiado el *backswing* en los nueve primeros hoyos. Fue una mala sensación. No me gusta que el palo llegue a ponerse paralelo al suelo en el *backswing*. Entonces no sincronizo y tengo que hacer el recorrido adecuado hacia la bola solo con los brazos, en vez de dejar que la parte inferior del cuerpo los lleve. Ese tipo de *swing* depende de la sincronización, y la mía no era fiable.

Quería que mi *swing* fuera firme. Eso me proporcionaba el control que deseaba. Y con control no me refiero a que no estuviera haciendo un *swing* instintivo. Podía tener un *swing* desinhibido, como en mis mejores momentos: algo casi automático. Quería esa sensación. Quizá, como jugador de golf, vivía para eso, sobre todo cuando tenía que hacer un *swing* para ganar. Desde muy joven quise que ganar dependiera de dar un buen golpe y no de que el otro jugador hubiera cometido un error. La sensación de triunfo era embriagadora.

Veinte años después, al recordar ese trayecto y el problema con mi *backswing,* sé que no solo respondía a cuestiones técnicas. Esperaba disfrutar de la sensación que había experimentado el viernes anterior a la semana del Masters, en la que, junto con mi amigo y colega Mark O'Meara, hice 59 en el Isleworth Golf & Country Club de Orlando. Vivía allí, como Marko. Me subí a un carrito y estuve escuchando música mientras jugaba. Empezamos en los últimos nueve hoyos. Los acabé con diez bajo par y le gané unos cuantos dólares. Sentí un *swing* fluido durante todo el tiempo; el partido me pareció fácil.

De camino, a media tarde, nos llevamos una sorpresa. En el tercer hoyo, con par 5, teníamos que hacer los *drives* curvados. Tras el *tee* de salida estaba a punto de utilizar un hierro tres en un par 5. Miré hacia donde había que curvar el golpe y vi una columna de humo. Acababan de lanzar el transbordador espacial *Columbia* desde el Centro Espacial Kennedy. Presenciamos el despegue: fue escalofriante. Hacía poco que me había mudado a Isleworth y nunca había visto un lanzamiento. Nos sentamos en los carritos y vimos ascender la nave hasta que el propulsor se soltó. El programa espacial me había interesado desde niño y había leído mucho sobre las misiones de la NASA. Me emocioné al pensar lo que habían conseguido los científicos. Era todo un logro. Ahí estaba yo, jugando al golf mientras siete astronautas acababan de despegar en un transbordador espacial que, tal como me enteré después, pesaba más de ciento quince toneladas y haría una órbita cuyo punto más lejano al centro de la Tierra estaría a trescientos kilómetros de distancia. Me gustaba la ciencia y, de repente, había visto el transbordador espacial. Me sentí muy pequeño en comparación e impresionado por lo que era capaz de conseguir el ser humano. Me invadió una sensación de euforia.

Al día siguiente volvimos a jugar. Hice 32 en los primeros nueve hoyos, un *birdie* en el décimo y un hoyo en uno en el undécimo. Marko no dijo nada después de ese golpe. Se montó en el carrito y se fue. «¿Qué pasa?», pensé. Imaginé que había sido demasiado para él, que era como si me estuviera diciendo: «Esto es de locos. ¿Haces 59 y ahora consigues un hoyo en uno? Me largo». Seguí jugando.

La semana anterior al Masters pasó otra cosa que me subió la moral. Arnold Palmer me había invitado a jugar en el Bay Hill Club & Lodge, del que era propietario. Admiraba a Arnold desde hacía años, sobre todo porque siempre se jugaba el todo por el todo y por la forma en que conseguía no solamente sobrellevar toda la atención que atraía su forma de jugar y su carácter afable, sino también porque disfrutaba como nadie de todo aquello. Siempre que se lo había pedido me había dado buenos consejos. Antes de convertirme en profesional, le exprimí todo lo que pude para que me ilustrara sobre el mundo del golf profesional, lo que hace falta para entrar en él y triunfar, y cómo soportar toda la presión. Fue un excelente mentor.

Arnold, que entonces tenía sesenta y siete años, jugaba todos los días con sus amigos a las doce en Bay Hill, en lo que se conoce como «el desafío». En esa ocasión jugué con él en un grupo y resultó emocionante. Hicimos un partido a cien dólares y le gané en el hoyo diecisiete. Pero tal como era Arnold, no iba a sugerir que hiciéramos otra apuesta en el último hoyo, así que nos lo jugamos a doble o nada. Tras golpear con una madera tres en el *tee* de salida me puse a mucha distancia de él. Arnold utilizó el *driver* dos veces —a pesar de que el segundo tiro es uno de los más peligrosos en el golf debido a que el *green* está pegado al lago que hay enfrente— y acabó en el búnker de detrás. Después usé un hierro ocho para llegar al *green*. Arnold hizo un *up and down* para mantenerse en el par; yo no conseguí embocar un *birdie* con el *putt* y empatamos. Aquel era Arnold en estado puro. Nunca se daba por vencido. Creía que se podía dar la vuelta a todo, fueran cuales fueran las circunstancias. Quizás uno de los momentos que mejor ejemplifican esa actitud fue cuando hizo *birdie* en los dos últimos hoyos para ganar por un golpe a Ken Venturi en el Masters de 1960. Sabía que no tenía otra alternativa, porque Venturi ya había acabado.

Tuve la suerte de conocer a Arnold antes de hacerme profesional. Con el tiempo gané ocho veces el Arnold Palmer Invitational en Bay Hill; era emocionante verlo esperar detrás del decimoctavo *green* para felicitar al ganador. Me llevé un duro golpe cuando el 25 de septiembre de 2016 me comunicaron que había muerto: recordé todas las veces que me había esperado detrás del decimoctavo *green*. Arnold era muy importante para el golf y nunca olvidaré su amistad y todos los consejos que me dio a lo largo de los años. Al recordarlo ahora, sé cuánto me animaron sus palabras la semana anterior al Masters.

En Augusta, después del partido con Arnold y de hacer 59 en Isleworth al día siguiente, hice recorridos de práctica con Mo. A Mark O'Meara lo llamaba Marko, Mo, Mark. El lunes de la semana del Masters también completé nueve hoyos con Seve Ballesteros y José María Olazábal. Seve, que había ganado el Masters dos veces, tenía las mejores manos, y Ollie —tal como lo llamaba todo el mundo— también era un maestro en los recorridos cortos. Seve me enseñó muchos golpes en los *greens* más complicados de Augusta. Quería aprender de los mejores, de anteriores ganadores del Masters. Por eso me aseguré de participar en recorridos de práctica con Seve y Ollie, así como con otros ganadores como Nicklaus, Palmer, Raymond Floyd y Fred Couples.

La primera ronda se acercaba y, a pesar de que confiaba en mi *swing*, mis golpes de *putt* no me convencían. Con todo, jamás habría pensado que haría 40 en los nueve primeros hoyos. Tenía problemas con la velocidad, y la velocidad determina la dirección. Mientras practicaba no me sentía cómodo en los *greens* y no conseguía avanzar. La noche anterior a la primera ronda decidí pedir consejo a mi padre, Earl. Era quien mejor me conocía. Pero no se encontraba bien. Le habían practicado un cuádruple baipás en los años ochenta; después tuvo que volver al hospital mientras yo disputaba el

Tour Championship de Atlanta, a finales de la temporada de 1996. Tras pasar la noche con mi padre en el hospital, estaba preocupado, no pude concentrarme e hice 78 en la segunda ronda. Después le practicaron un triple baipás un mes y medio antes del Masters. Volé desde Orlando para ir a verlo al centro médico de UCLA; al fijarme en el monitor del lado de la cama, vi que la línea estaba plana. Tiempo después, me dijo que en ese momento sintió una oleada de calor y que iba hacia la luz. Pero decidió no hacerlo. «Lo único que sentí fue calor. ¿Voy hacia la luz o no?, me pregunté. Decidí que era mejor no hacerlo», me contó. Sobrevivió, pero el médico le recomendó que no fuera al Masters. No quería que volara.

Mi padre dijo: «¡Que le den! Voy a ver a mi hijo». Voló a Augusta el martes de la semana del Masters. Se alojó en la misma casa que yo, tal como acostumbrábamos. No tenía fuerzas. A ratos estaba animado, pero otros parecía aturdido y se quedaba dormido a menudo. La noche anterior a la primera ronda estaba en la cama. Necesitaba que me ayudara. Cogí tres pelotas y me puse en la posición para hacer un *putt* mientras él seguía tumbado y le pregunté si veía algo.

«Pones las manos demasiado abajo. Súbelas. Haz ese pequeño arco que haces siempre», me aconsejó. Tuve que ajustar la posición de la mano izquierda, así como la postura. De esa forma, la presión en el *putter* era diferente, pero sabía que mi padre tenía razón. Hice los cambios que me indicó y apreté con más fuerza con la mano izquierda. Después me sentí listo para empezar la primera ronda. Aun así, hice 40 y tuve que lograr buenos *putts* para conseguir esa cifra. El *putt* no era el problema, mi padre lo había solucionado.

Sin embargo, no tenía una buena sensación. Estaba

molesto por haber hecho tantos malos *swings;* lo que era peor: la sensación del buen *swing* me había abandonado. Estaba acalorado. Después, antes de colocarme en el décimo *tee,* me libré de esa rabia y me calmé. Pensé en la sensación que había tenido la semana anterior en Isleworth, cuando había completado buenos golpes, uno detrás de otro. Me dejé invadir por ese sentimiento. Poco a poco, me calmé. Noté el movimiento del *swing* y la presión que deseaba, la sensación de poder controlado a través de la bola. Me sentí libre. Tal como me recordó mi *caddie,* Mike, *Fluff,* Cowan, mientras íbamos hacia el décimo *tee,* quedaban sesenta y tres hoyos en el Masters. Renuncié al inconsciente control forzado del *swing* y a cómo había jugado en los nueve primeros hoyos. Así no se jugaba al golf. Necesitaba sentirme libre. Era necesario que todo fluyera. Me apliqué aquello que solía decirse: no se puede pensar y hacer un *swing* al mismo tiempo.

Tener a Fluff a mi lado me tranquilizaba. Había sido el *caddie* de Peter Jacobsen durante dieciocho años: lo vio ganar seis torneos. Pero Peter había estado jugando lesionado y tuvo que abandonar el campeonato de la PGA en agosto del año anterior. Iba a descansar un tiempo. Me enteré y lo llamé para pedirle permiso para que Fluff fuera mi *caddie*. Dijo que le parecía bien. Me puse en contacto con Fluff tras ganar el U. S. Amateur. Él me dejó bien claro que lo haría hasta que Peter se recuperara lo suficiente como para volver a competir. Me encantó que fuera tan leal.

Fluff tenía casi cincuenta años y era un espíritu libre. Jamás he conocido a nadie al que le guste más Grateful Dead; era todo un *deadhead*. Había estado en infinidad de conciertos del grupo. Hablamos mucho de los Dead desde que empezó a ser mi *caddie,* aunque la verdad es que yo no es que estuviera muy interesado en el tema.

No era el tipo de música que me gustaba. A mí me iba más el *hip-hop*. Fuera como fuera, lo que me encantaba era la tranquilidad que me transmitía Fluff, al que en el campo le afectaban muy pocas cosas. Había sido mi *caddie* en los tres torneos que había ganado en la gira. Además de en los dos que gané en 1996, había empezado 1997 venciendo en el Mercedes Championship. Y Fluff siempre parecía saber qué decir. Ejercía tanto de psicólogo como de *caddie*. Se comportaba tal y como era. Su dejarse llevar por la corriente me tranquilizaba. Lo último que necesitaba cuando iba del noveno hoyo al décimo era notar tensión en el ambiente porque había jugado mal en los primeros nueve hoyos. La tensión y Fluff no eran compatibles.

Después llegué al décimo hoyo. Saqué el hierro dos de la bolsa. A Fluff le pareció bien esa elección. Lancé con firmeza. Así, eso era. Esa era la sensación que había tenido en Isleworth. Mis pasos se aceleraron mientras iba hacia la pelota y, desde una posición perfecta en la calle, la golpeé con un hierro ocho hasta dejarla a cuatro metros del hoyo: hice un *birdie* con el *putt*. «Vale, ya está —me dije a mí mismo—. Todo va a salir bien.» Lo supe desde el *swing* en el décimo hoyo. A veces, en el golf se puede dar la vuelta a todo con un solo *swing*, para bien o para mal. Ese había sido el *swing* que lo iba a cambiar todo. Estaba jugando en un campo pequeño para mis condiciones y había hecho el *swing* 59 de Isleworth. ¡Allá iba!

No erré ningún golpe en el resto del recorrido. Después de conseguir un *birdie* en el décimo hoyo, hice un golpe alto desde el borde del *green* en el duodécimo, con par 5, y logré otro *birdie*. Hice *birdie* en el decimotercer hoyo, con par 5; *eagle* en el decimoquinto, con par 5; y *birdie* en el decimoséptimo. Me había metido en el juego, lanzaba la bola lejos y donde quería que fuese. En el decimoquinto hoyo utilicé un *pitching wedge* para conseguir el *eagle*. Estaba concentrado. En el decimoséptimo conseguí el *birdie* después de lanzar con un *lob wedge* a ochenta metros por encima de la bandera y dejar la pelota a cuatro metros del hoyo. El *putt* de *birdie* en el decimoctavo, para hacer 29 en los últimos nueve hoyos, pasó justo por el borde derecho del hoyo: hice 30, seis bajo par, en los últimos nueve hoyos. Cuarenta. Treinta. Setenta. Estaba a tres golpes del líder.

A aquella hora del día, todavía había mucha luz. Fui al campo de prácticas para asentar la sensación del *swing* que había tenido en los últimos nueve hoyos de la segunda ronda. Mi entrenador de *swing*, Butch Harmon, estuvo conmigo mientras completaba excelentes *swings* uno tras otro. Ni Fluff ni Butchie —que era como lo solía llamar— dijeron nada. Estaba todo bien.

2

Un *amateur* en el Masters

Mi primer recuerdo del Masters se remonta a 1986, cuando tenía diez años y Jack Nicklaus estaba a punto de conseguir su sexta chaqueta verde. Como todos los años, el día de la última ronda había hecho nueve hoyos con mi padre, por la mañana. Volvimos a casa y encendimos el televisor poco después de que Jack hubiera empezado los últimos nueve hoyos.

Comenzó la última ronda empatado en el noveno puesto, cuatro golpes por debajo de Greg Norman, y estaba en el par hasta que hizo un *birdie* en el noveno hoyo. No había sido gran cosa. Realmente no tenía posibilidades. Pero después logró otro *birdie* en los hoyos décimo y undécimo, antes de hacer *bogey* en el duodécimo. Parecía que se había estancado, pero era Jack Nicklaus. Hizo un *birdie* en el decimotercer hoyo, par en el decimocuarto, y en el decimoquinto envió la bola con el *driver* hasta lo alto de la colina. Entonces fue cuando realmente me fijé en él.

Estaba en la colina y miraba hacia el *green* que había más allá del estanque que había delante. Su hijo, Jackie Jr., era el *caddie*. «¿Qué te parece un tres en este golpe?», dijo. Jackie pensó que se refería a lo lejos que podría llegar con un hierro tres, pero Jack le estaba preguntando cómo cambiaría su posición en el torneo si hacía tres bajo par en ese golpe. En ese momento, Jack estaba cuatro golpes por detrás de Seve Ballesteros. Jackie le dio un hierro cuatro a su padre en el hoyo decimoquinto y Jack trazó un tiro perfecto por encima del estanque que había frente al *Green*: acabó a tres metros del hoyo.

Lo que mejor recuerdo fue la reacción de Jack. Cuando la pelota aterrizó en el *green*, levantó los brazos con las manos cerradas: no fue nada espectacular, simplemente movió los puños. Aun así, me sorprendió que reaccionara de esa forma. Había hecho el golpe que quería, pero todavía no había acabado ese hoyo. Aquella reacción no tenía sentido para un niño de diez años. Me desconcertó que se comportara así antes de terminar el hoyo. Lo comparé con un lanzador de béisbol que hubiera hecho sus dos mejores bolas rápidas. Eso era un 0-2 y ya estaba cantando victoria, pero el bateo todavía no había acabado. El lanzador no había eliminado al bateador. Jack no había acabado el hoyo. Pero, por supuesto, hizo un *eagle* con el *putt* en el decimoquinto y caminó junto a la bola cuando se acercaba al hoyo.

En 2016, en la cena del campeonato que se organiza el martes de la semana del Masters, me senté junto a Jack y Arnold. Fue maravilloso, catorce chaquetas verdes juntas. Jack había ganado seis; Arnold, cuatro; y yo, otras cuatro. Estaba hablando con Jack sobre el trigésimo aniversario del trofeo de 1986 y le pregunté:

—¿Sabes qué fue lo mejor de esa semana para mí?

—No tengo ni idea. ¿Qué fue? —contestó.

Le dije que había hecho algo que no había visto jamás en el golf.

—¿A qué te refieres? —preguntó.

—Bueno, en el decimoquinto hoyo celebraste tu segundo golpe levantando los puños. Imagino que hiciste el golpe que querías para poder conseguir un *eagle*. Pero no había visto a nadie celebrar nada antes de finalizar un hoyo.

Le pregunté por qué.

Jack no me contestó, sino que me habló de las circunstancias que rodeaban ese golpe y de la pregunta que le había hecho a Jackie sobre lo lejos que llegaría un tres.

Me eché a reír y comenté:

—Jack, he oído esa historia miles de veces. Pero ¿por qué lo celebraste antes de acabar el hoyo? No lo había visto nunca. Con diez años no lo entendí.

Después de 1986 aún tardé unos años en entender mejor el golf e imaginarme por qué Jack había reaccionado de esa forma. Era consciente del momento y de la situación. Hizo lo que tenía que hacer para colocarse en una posición en la que pudiera ganar el Masters. No estaba pensando en ganar. Solo pensaba en el golpe y en lo que tenía que hacer. No se estaba adelantando a los acontecimientos, algo que sucede con facilidad.

Después de hacer un *eagle* en el decimoquinto, Jack utilizó un hierro cinco para dejar la pelota a un metro del hoyo y con ese *putt* se puso a ocho bajo par en la competición. En el decimoséptimo *green* se dejó un *putt* de *birdie* a tres metros, y conforme la bola iba acercándose al hoyo, reaccionó. Levantó el talón izquierdo y soltó la mano derecha. Miró la pelota y dio un paso hacia delante como si fuera a caerse. Al entrar la bola, alzó la mano y el brazo izquierdo, con el brazo derecho pegado al costado. Cuando Verne Lundquist, de la CBS, al que en ese momento no conocía, pero que se convirtió en una leyenda a partir de entonces, exclamó: «¡Sí, señor!», tenía la boca abierta. El hoyo estaba acabado. Jack había hecho nueve bajo par, que es la puntuación con la que finalizó el trofeo después de hacer par en el último hoyo.

Sus reacciones en los últimos hoyos del Masters de 1986 se me quedaron grabadas porque fueron espontáneas y me demostraron cuánto hay que poner de uno mismo en un golpe. Harvey Penick decía que es necesario pensar que el golpe que se está a punto de dar es lo más importante del mundo. Solo es un golpe, es verdad, pero en ese momento es más vital que respirar. Nada en el mundo puede desconcentrarte de ese golpe. Si sale bien, se puede reaccionar de forma inesperada, sorprendente.

A ese respecto, recuerdo mi reacción cuando emboqué un *putt* a siete metros de distancia para hacer un *birdie* en el decimoctavo *green* y ganar a Bart Bryant por un golpe el último día en el Arnold Palmer Invitational del 2008 en Bay Hill. Cuando la bola entró, me quité la gorra con la mano derecha y la tiré al suelo, con fuerza. Después no recordaba haberlo hecho ni dónde estaba la gorra. Ese tipo de reacciones no se pueden controlar.

La de Jack Nicklaus en el hoyo decimoquinto del Masters de 1986 se me quedó grabada porque aprendí algo al verlo jugar ese domingo. El golf proporciona grandes satisfacciones y merece la pena esforzarse al máximo para ponerse en una situación en la que todo depende de dar el golpe adecuado. Jack tenía cuarenta y seis años y yo solo diez, y entonces no sabía cómo expresarlo con palabras, pero quería estar donde estaba él y hacer lo que estaba haciendo.

Y

Cuando vi el Masters de 1986 llevaba seis o siete años jugando en serio al golf. Con «en serio» me refiero a contar mi puntuación en los torneos. Acabé segundo en un *pitch, putt and drive,* una versión anterior al Drive, Chip & Putt Championship del Augusta National, que en los torneos de 2013 empezó a ser clasificatorio para el Masters de 2014. Reúne a los chavales que se han clasificado para jugar la final el domingo anterior al Masters. En el torneo que jugué, gané un trofeo casi tan grande como yo: era lo mejor que me había pasado nunca.

Sin embargo, apenas había sido mi primera experiencia como jugador de golf. Entonces vivíamos en Cypress, una ciudad de unos cuarenta mil habitantes en el sur de California, en un barrio predominantemente blanco de clase media. A algunos de los vecinos no les gustó que llegara allí una familia con mezcla de razas: nos tiraban limones, limas y piedras a la casa. Mi padre había tenido dos hijos y una hija en su primer matrimonio; ellos me contaron qué había pasado. Mis hermanastros Kevin y Earl Jr. fueron a la casa en la que vivía la gente que se habían ofendido por que nos mudáramos al barrio, llamaron a la puerta y tuvieron una pequeña charla en la que aclararon la situación. No volvieron a arrojar nada a la casa.

Mi padre había cumplido dos periodos de servicio con el Ejército estadounidense en Vietnam. Había sido boina verde, un tipo duro. Había conocido a mi madre en una misión para recabar información en el lugar en el que ella estaba trabajando. Se casaron y se fueron a vivir a Brooklyn, pues lo habían destinado como teniente coronel a Fort Hamilton. Le invitaron a jugar un partido de golf; le gustó por lo que tuvo de desafío para él. Era buen jugador de béisbol y le encantaba ese deporte, pero el golf le proporcionaba otra forma de escape. Cuando se mudaron a Cypress, ya era capaz de jugar en el Navy Golf Course.

Mi madre, Tida, es tailandesa. Ese país no es exactamente un crisol de civilizaciones; cuando fue a Estados Unidos, fue testigo de una parte muy hiriente de la cultura estadounidense. Nunca olvidó que la gente podía comportarse de ese modo. Se endureció. Era, y sigue siendo, fuerte y luchadora. Tal como decimos en nuestra familia, mi madre era la mano; mi padre, la voz. Podía negociar con él, pero no con ella. Con mi madre no había término medio. Tenías razón o no la tenías. Me decía que debía llegar a casa cinco minutos antes de que se encendieran las farolas que había enfrente. Llegar un segundo tarde significaba un día de castigo, no ir al parque. No siempre lo entendía —o, mejor dicho, no siempre le hacía caso—, y ella me seguía castigando cada vez que hacía algo mal. Tenía que llegar a tiempo a casa; si no, ya sabía lo que me esperaba.

Antes de eso, mi padre había preparado una zona de prácticas en el garaje; a mí me sentaba en una trona para que lo viera lanzar bolas a una malla. Solo tenía nueve meses. A pesar de que no lo recuerdo, al parecer no le quitaba la vista de encima. Supongo que me atraía el contacto del palo con la bola, el sonido de la pelota al chocar contra la malla…

Cuando crecí, recuerdo haber estado haciendo *putts* en el garaje durante muchas horas. Mi padre había puesto la alfombra más fea y usada de la casa, pero tenía lo que yo llamaba calles, con la misma anchura que la parte inferior de un *putter*. Quería que el *putter* se alejara de la bola dentro de la calle, volviera donde quería golpearla y después se apartara de nuevo sin salir de la calle. Aquello fue el comienzo de lo que me gusta imaginar como un golpe parecido al de Ben Crenshaw, dentro de la línea al alejarse, por la línea en el momento del impacto, y después hacia atrás dentro de la línea. Nunca quise poner el *putter* recto al moverlo hacia atrás o hacia adelante. Para mí no tenía sentido, porque el mango de un *putter* hace ángulo con la punta. No está a noventa grados de la bola. Un golpe pendular es perfecto cuando se tiene un ángulo vertical de noventa grados, pero ¿hay algún *putter* así? Si el mango hace ángulo, el golpe ha de tener ángulo también. El *putter* hace *swing*. Es un golpe, pero también se hace *swing* con él.

Lo aprendí casi sin querer en aquella raída alfombra del garaje. Los colores resultaban cegadores: amarillo, verde y naranja. Era horrorosa. Mi padre no la utilizó nunca, pero yo practiqué *putts* allí durante muchas horas. Me ponía a Run-DMC para entrenar. Su música y su ritmo me animaban. Todavía sigo oyéndolos. Mi padre era un gran aficionado al *jazz* clásico. No le entusiasmaba el *hip-hop*. Le gustaban John Coltrane, Miles Davies y Charlie Parker. Cuando iba conmigo a los torneos, solía hacer pausas para oírlos en un *walkman*. A veces se quedaba dormido. Si pasaba por delante de él o si él venía donde estaba yo, sabía enseguida qué tal estaba jugando por cómo andaba y por la expresión de mi cara.

Cuando era niño pasé ratos inolvidables con mi padre en campos de golf. Mis padres me animaban mucho, sin presionarme ni hacerme sentir mal cuando no jugaba bien. Solo tenía que hacerlo lo mejor posible. El resultado no importaba, porque aprendía, tanto si era bueno como malo. En ese sentido tuve mucha suerte. Mi madre me llevaba a campeonatos juveniles por todo el sur de California antes de que yo tuviera carné de conducir. A veces los campos estaban a más de una hora de distancia. Mi misión consistía en asegurarme de que llegábamos a tiempo. Aprendí a leer mapas, a saber a qué hora teníamos que salir, cuánto tiempo nos costaría llegar y cuáles eran las rutas alternativas. Había que llegar temprano, porque tenía que calentar. Mi madre me acompañaba en todos los hoyos y llevaba la cuenta. De regreso a casa comentábamos el recorrido…, bueno, cuando no me quedaba dormido.

En los campos de golf entraba en mi pequeño mundo. Mi padre era diferente cuando jugaba. No empezó a practicar el golf hasta los cuarenta y dos años, aunque consiguió tener un buen hándicap. El golf le fascinaba, pero no iba a someter su forma de ser para jugar. Era extrovertido y no dejaba de hablar durante el partido. Era así. Yo veía el juego de otra forma. Si quería, podía estar hablando todo el día, pero aprendí desde muy joven que jugaba mejor cuando terminaba la conversación y me concentraba en el golpe. A pesar de todo, lo que más me gustaba era ir a los campos de golf con mi padre, a veces solos. Ese silencio cuando jugábamos por la tarde en el campo de la Marina.

Los árboles del recorrido se me quedaron grabados durante muchos años. Los recordaba de cuando había jugado, sobre todo uno que había a la derecha, en una zona muy concreta… Necesitaba un hierro nueve para lanzar la bola hasta allí; lo cambié por un *wedge* cuando crecí. Cuando salía de clase por la tarde, iba al campo de golf. No teníamos mucho tiempo para jugar y aún menos en invierno, pero mis recuerdos de aquellas tardes están íntimamente ligados con jugar al golf con mi padre. Al principio tenía que colarme, porque no dejaban entrar a los menores de diez años. Me fijé en que había niños blancos menores de diez años que sí jugaban, pero no me dejaban relacionarme con ellos.

Sin embargo, quería ir allí con mi padre. Así pues, no importaba si tenía que colarme. Empecé a hacerlo cuando tenía cuatro años. Mi madre paraba el coche, yo saltaba a una zanja y salía por el otro lado. La sede del club estaba en la parte alta, por lo que no me veía nadie. Mi padre subía a un carrito y yo pasaba el primer y segundo hoyos; me tumbaba bajo el puente que había en el tercero. Intentaba pasar completamente desapercibido y mimetizarme con el entorno. Ponía piedras y ramas a mi alrededor. Escondía la bolsa con los palos debajo de las piedras y después oía a mi padre, que decía: «¿Estás ahí?». Entonces salía. Al recordarlo, me doy cuenta de que lo pasaba tan bien con mi padre que no me hubiera importado jugar a oscuras de haber sido necesario.

También me gustaban otros deportes, como el béisbol, el fútbol americano y el baloncesto; sobre todo para divertirme, aunque siempre he sido muy competitivo. Además montaba en bicicleta y tenía un monopatín. Pero había que dejar algo. Así que cuando fui al instituto mis padres me dijeron que debía elegir un solo deporte. Evidentemente, el golf era muy especial para mí, dado el tiempo que dedicaba a practicar y a jugar. Mi madre me advirtió, muy en serio, que no podría jugar hasta que acabara los deberes. Aquello no me dejaba tiempo para otros deportes, así que elegí concentrarme en el golf.

En el campo, durante los partidos, no solía relacionarme con los otros jugadores, aunque competía contra ellos en los campeonatos. Aprendí desde muy joven que, si sentía cualquier tipo de comportamiento racista hacía mí —y lo sentí—, lo mejor era dejar que hablaran los palos, tal como siempre me había recomendado mi madre. Me enseñó a ser fuerte; sabía que cuanto más dijera, más se complicarían las cosas. Según ella, si dejaba hablar a los palos, también podía vencer a los otros chicos en todo.

Había una diferencia entre ganar y vencer. Por supuesto, quería ganar, pero también vencer por muchos golpes. A mi madre le gustaba que «aplastara» a los rivales. Esa era la palabra que utilizaba. En los campos de golf me convertí en lo que mi padre describía como un «asesino». Empecé a tener esa actitud desde muy pequeño, sin quererlo. Simplemente era así. Cuanta más presión había en un torneo, cuanto más necesitaba dar un buen golpe para poder seguir jugando, ganar un partido o un torneo, más tranquilo me sentía. Cuando empecé a jugar en más torneos y a ir ascendiendo en el golf juvenil, ansiaba que llegara ese momento. Estoy seguro de que a Nicklaus le pasaba lo mismo. Quería tener que dar un gran golpe cuando fuera verdaderamente necesario.

Tom Weiskopf dijo en una ocasión algo muy revelador sobre la mentalidad de Nicklaus. Jack estaba en el último hoyo de un torneo y Tom comentó: «Jack muestra tener la serenidad necesaria para tomar la decisión adecuada cuando todos los jugadores a su alrededor se sienten confusos y nerviosos». Jack se sentía más tranquilo y más concentrado cuanto más arriesgaba en un torneo. No sé si eso se puede enseñar, pero sí sé que es lo ideal cuando un campeonato pende de un hilo. Quizá sea sentirse intimidado. No lo sé, pero me alegro de haber deseado siempre tener que dar ese golpe.

Después de ver ganar el Masters de 1986 a Nicklaus, me aseguré de no perderme ninguno. Parecía que todos los años pasaba algo espectacular. En 1987, en el undécimo *green*, Larry Mize embocó un golpe con un *pitch* a cuarenta metros del hoyo y ganó la eliminatoria contra Greg Norman. La bola fue prácticamente en línea recta hasta el hoyo. Hoy ya no se puede dar ese golpe. El Augusta National elevó una parte del *green* y ahora hay que jugar de otra forma. Las inmediaciones de los *greens* de Augusta son complicadas, pero disfruto mucho de ellas. En 1977 se podían dar muchos golpes diferentes en los *greens*, había más opciones.

Bobby Jones y Alister MacKenzie diseñaron el Augusta National como un campo de golf *links*, pero en el interior, inspirado en el Old Course de St. Andrews, aunque parezcan muy diferentes. Un campo *links* permite que el jugador utilice el terreno, en vez de obligarle a dar un solo golpe; las bolas altas están pensadas para que completen una distancia específica, aterricen en el *green* y se paren a corta distancia. Es lo que hay que hacer en la mayoría de los campos estadounidenses, porque a menudo hay agua o arena entre el jugador y el *green*. Es algo que priva al juego de la creatividad que tanto se disfruta en el golf.

El Masters de 1997 se jugó en el campo *links* que los diseñadores tenían *in mente* cuando lo crearon. Lo trazaron para obligar a crear golpes cerca de los *greens*. No había zonas con hierba alta. Había diferentes opciones para golpear la pelota. Cuando jugué por primera vez en ese campo, en el Masters de 1995, los *greens* y los *tees* de salida estaban muy cerca los unos de los otros, como en los *links*. Pero ya no es así, porque alejaron muchos hoyos y cambiaron de lugar los *tees*.

Me encantó el golf que se juega en los *links* desde la primera vez que los vi en persona, cuando jugué el Scottish Open de 1995 en Carnoustie. La semana siguiente jugué el Open Championship en el Old Course. Aquellas dos semanas fueron una excelente introducción al golf que se juega en los *links*. Estuve a la altura en ambos torneos, pero mis resultados no fueron muy buenos. Hice 47 en el Scottish y 68 en el Open. Pero lo importante es que descubrí los *links* y comprobé la relación que hay entre el tipo de golf que se juega en ellos y el que se practica en Augusta, sobre todo si el campo está lo suficientemente firme como para utilizar las laderas de las calles y los *greens*.

En el Masters de 1995 —meses antes de jugar el Scottish Open en Carnoustie—, tuve la oportunidad de crear golpes en tierra para jugar un tipo de golf parecido al que se practica en los *links*, pero en un campo interior. La única diferencia fue que estuve jugando en césped *agrostis* y que el rodamiento en los *greens* se había calculado en treinta y tres centímetros con un *stimpmeter*, el instrumento en el que se coloca una bola y que se inclina para que ruede en el *green*. Si la pelota se alejaba treinta y cinco centímetros, se aceptaba que la medición del *stimpmeter* fuera treinta y tres. Un rodamiento de treinta y tres centímetros en *agrostis* es diferente del de la *festuca* o *poa* de los prados de los *links*, en los que en los *greens* no puede haber tanta velocidad si sopla mucho viento.

El golf de estrategia me atraía mucho, a pesar de que también disfrutaba del juego *amateur*; incluso me motivaba la tensión que producía el tener que hacer un solo golpe por encima del agua, y más te valía que lo hicieras bien, tal como Jack en el decimoquinto hoyo el último día del Masters de 1986. Pero nunca quise que ese tipo de golf se convirtiera en mi día a día. Me parecía muy aburrido. No se impulsaba a un golfista a ser creativo. No se hacía que el jugador dudara. Solo había una elección: lanzar la pelota al aire.

El golf a ras de tierra que ofrecía Augusta, sobre todo

en y cerca de los *greens*, me atraía incluso cuando era niño. No sé muy bien por qué, ya que crecí jugando en muchos campos en los que el objetivo era que la bola volara todo el tiempo hasta el hoyo, el juego aéreo. Pero disfruté de la creatividad que ofrecían los golpes a ras de tierra, aquellos que pedían algo de ingenio. Augusta también ofrecía una oportunidad si no estabas en una buena posición. Te daba la posibilidad de golpear hacia una zona segura. Pero, si lo hacías, te enfrentabas a uno de los *pitch* más difíciles del mundo. El golpe de Mize fue un buen ejemplo. En cambio, el de Nicklaus con un hierro cuatro hacia el decimoquinto hoyo en 1986 fue el ejemplo perfecto del golf aéreo. El Augusta National exigía practicar ambos tipos de juego.

Cuando era niño y veía las retransmisiones del Masters, me entusiasmaba más y más la posibilidad de jugar ese torneo algún día. A pesar de que algunos miembros me habían invitado, no quise jugar hasta clasificarme. No participaría hasta que me lo hubiera ganado. Nueve años después de haber visto ganar a Jack el Masters de 1986, tuve la oportunidad de hacerlo. Me clasifiqué para el Masters de 1995 porque había ganado el U. S. Amateur el año anterior. Tenía diecinueve años y nadie habría dicho que era un sentimental respecto al golf. Profesaba un profundo respeto al campo y al Masters, pero nunca lo habría llamado la «catedral en los pinos», tal como se oía todos los meses de abril. Me gustaba leer libros sobre la historia del golf y había estudiado los Masters, pero la de ese campo no me había fascinado especialmente. Quería ir allí a competir y, finalmente, llegó el momento.

Mi primer contacto con el Augusta National se produjo cuando entré en el club por Washington Road —la calle principal que atraviesa la ciudad— y llegué a Magnolia Lane. No sé lo que esperaba, pero no me impresionó en absoluto. Era una avenida de unos trescientos metros bordeada de magnolios, cuyas ramas colgaban por encima. Me sorprendió lo corta que era: apenas la longitud del campo de prácticas que utilizábamos entonces. Al ver el torneo en televisión había imaginado que Magnolia Lane era mucho más larga y que subía una colina hasta la sede del club. O quizás estaba decepcionado porque el club no había permitido la entrada a jugadores negros durante mucho tiempo. Habían pasado veinte años desde que se había invitado a jugar el Masters al primer jugador afroamericano, Lee Elder.

Y había sido cuarenta y un años después de que se jugara el primer torneo. Tendrían que haber invitado a Charlie Sifford, porque había ganado el PGA Tour, pero nunca lo hicieron. Un par de días después, mi madre me dijo que Magnolia Lane no podría impresionar jamás a ningún jugador negro, por su historia. Había oído hablar de ella en mi infancia, pero también sabía que el Masters era el torneo más popular del mundo. Había querido competir en él desde que empecé a tomarme el golf en serio. Seguramente, todos esos pensamientos rondaban mi cabeza mientras conducíamos por Magnolia Lane. Me provocaban sentimientos muy complejos, aunque lo que realmente quería era ir a la sede del club y salir al campo a hacer mi primera ronda en el Augusta National.

Era domingo por la tarde, sobre las siete. Había ido en coche con mi compañero de equipo de Stanford y buen amigo Notah Begay, después de haber jugado un par de torneos universitarios en Atlanta y en Dalton, Georgia. En el club solo estaba la recepcionista. Me llevó a mi habitación en el Crow's Nest, me instalé y después fui a practicar con Notah. Él no jugaba el Masters, pero tener un amigo cerca me reconfortaba. Hicimos unos cuantos *putts* y después fuimos al club para comer. A la vuelta, me perdí y acabé en el vestuario de los campeones. Vi todas las taquillas: Sam Snead, Jack Nicklaus, Arnold Palmer, Billy Casper y Gene Sarazen, todos ganadores del Masters. Había leído acerca de ellos y sus logros me habían emocionado, pero ver sus nombres en las taquillas me impresionó. Quería ver mi nombre en una de ellas. Por supuesto, ni siquiera tenía permiso para estar allí, porque todavía no me lo había ganado. Para eso tendría que ganar el Masters.

Volví al Crow's Nest, que durante mi estancia me pareció una suerte de fraternidad universitaria. Cuenta con camas individuales en un espacio diáfano con pocos tabiques divisorios. Solo había un teléfono y todo el mundo podía oír las conversaciones de los demás. En esos tiempos no tenía móvil. Casi nadie tenía uno. Compartía el Crow's Nest con Trip Kuehne, Tim Jackson, Guy Yamamoto y Lee James. Trip había sido el finalista al que derroté para ganar el U. S. Amateur de 1994. Ambos nos clasificamos con aquel resultado. Tim había ganado el U. S. Mid-Amateur; Guy, el U. S. Public Links; y Lee, el British Amateur de 1994. Trip y Lee tenían veintidós años, Guy mediaba la treintena y Tim se acercaba a los cuarenta.

El domingo, tras un inusualmente prolongado sueño, me levanté listo para jugar el Augusta National. Bueno, quizá sería mejor decir que me sentía ansioso por salir al campo. Había visto Masters anteriores, grabados por mis padres, y en Stanford había practicado *putts* en el Maples Pavillion, en el suelo de madera de la pista de voleibol. Aparecí allí con el *putter* en la mano y todo el mundo se rio mucho, pero no me importó. Lancé muchos *putts* a trece metros, simplemente tocando la bola, intentando darle un golpe suave. De una cosa estaba seguro, no quería forzar el agarre y perder sensibilidad.

Jugué la primera ronda de entrenamiento con Lee James y Nick Faldo, que había ganado el Masters en 1989 y 1990, y que era el jugador con mayor control sobre la bola en ese momento. Era muy preciso. Mi padre nos acompañó, al igual que Ron Townsend y Bill Simms. Eran los dos primeros miembros negros del Augusta National. En 1991 se invitó a que entrara en el club a Townsend, entonces presidente del Gannett Television Group, y Simms, que poseía el cinco por ciento del Carolina Panthers, se hizo miembro un lustro después.

Tommy Bennett, un *caddie* veterano de la ciudad, llevaba mi bolsa. Lo llamaban «Galletas Quemadas». Ward Clayton escribió en su libro sobre los *caddies* del Augusta que Tommy tiró una cacerola con agua hirviendo cuando intentó escapar con unas galletas por la ventana de la cocina de casa de su abuela y se quemó. Era lo suficientemente popular como para que hubiera un desvaído mural en la pared de ladrillos frontal del Sand Hill Grill en el que aparecía con el mono blanco del Augusta National y una gorra verde del Masters. Durante esa semana fui al Grill, el restaurante al que solían ir los *caddies*, para conocer mejor la cultura local. Cargó con mi bolsa negra con costuras doradas del World Amateur Team Championships de 1994 en Versalles, que ganó Estados Unidos.

En el campo, Faldo jugaba con mucha intensidad; a pesar de que me habría gustado preguntarle por su estrategia, dejó bien claro que prefería no comentarla. Me pareció bien. Yo era el niño. Él era el veterano, dos veces ganador del Masters, que después también ganaría el de 1996. Lee y yo éramos los que más hablábamos, porque teníamos más o menos la misma edad. Él era tres años mayor que yo, pero estaba jugando su primer Masters y también se alojaba en el Crow's Nest. Disfrutamos en aquel recorrido y después nos separamos. No estaba preparado para lo que sucedió después.

Los medios de comunicación estaban esperando bajo un enorme roble en el césped de la parte trasera del club, que es normalmente el lugar en el que suelen reunirse los medios, los jugadores y los visitantes que tienen permiso para estar allí. Yo iba de camino a la sede del club, como hacían todos los jugadores. Si algún periodista quería entrevistarlos, se detenían. Cometí el error de pasar por delante de ellos sin pararme, porque no quería que me distrajeran. Además, iba a ofrecer una rueda de prensa el martes. No pensé que hubiera que hablar con los medios de comunicación después de mi primera ronda de entrenamiento. Creí que tenía buena relación con ellos cuando fui al Masters. Les había dedicado tiempo después de ganar torneos *amateurs* y estaba acostumbrado a las ruedas de prensa multitudinarias. La primera la ofrecí con dieciséis años en el LA Open. ¿No podían esperar hasta la rueda de prensa del martes? Me equivoqué, debería haberme parado.

Tras ganar tres U. S. Junior consecutivos y después el U. S. Amateur de 1994, había empezado a despertar el interés de los medios. De repente, me di cuenta de que los periodistas de prensa, radio y televisión querían hablar conmigo después de cada ronda, ya fuera de entrenamiento o en el torneo, sin importar cuántos golpes hubiera hecho. Supongo que fue un error de novato. Entré en la sede del club y almorcé con Trip. Nos habíamos enfrentado en la final del U. S. Amateur de 1994, en el campo del TPC Stadium de Sawgrass. En los primeros trece hoyos iba seis golpes por detrás de Trip y en la ronda de la tarde solo a tres, a falta de nueve hoyos. Pero me recuperé y gané mi primer U. S. Amateur. El lunes jugué una segunda ronda de entrenamiento con Trip en el Augusta. Apostamos cinco dólares y se los birlé en el último hoyo.

El martes, la ronda de entrenamiento fue con Greg Norman, Fred Couples y Ray Floyd. Freddie y Raymond habían ganado el Masters. Quería aprender de jugadores que no solo conocían el campo, sino que habían ganado en él, o casi, como Norman. Hice preguntas sin parar: «¿Qué haces aquí? ¿Qué haces allí?». Estoy seguro de que se cansaron de mí. Pero eran parte de la historia de ese campo. Tenía la oportunidad de sonsacar información a personajes de esa historia. ¿Por qué no iba a hacer preguntas?

La bandera estaba en la parte derecha del segundo *green* y quería saber la mejor forma de llegar hasta allí. «¿Ves a esa gente?», me preguntó Raymond mientras apuntaba hacia los espectadores que estaban en la parte derecha del *green*. Me dijo que diera mi segundo golpe hacia ellos. «¿Qué? ¿No hay que intentar embocarla desde la pendiente? ¿No hay que llegar al *green* en el segundo golpe después de un buen *drive*?», pregunté. Raymond intentaba enseñarme lo que hacía de vez en cuando. Había lanzado a menos distancia en el *tee*. Yo no tenía los dos búnkeres que había a la derecha. Raymond golpeó hacia la parte izquierda de estos. Quería enseñarme una ruta inusual para tener más posibilidades de hacer un *birdie* si un día me quedaba corto y no conseguía llegar al *green* con mi segundo golpe.

—Golpea hacia la derecha o hacia los espectadores, o haz un tercer golpe frente al *tee* y después un *pitch* hacia arriba.

—¿Por qué?

Me dijo que fuera a verlo. Me acerqué, pedí a algunos espectadores que se apartaran y lancé algunas bolas. Desde allí vi exactamente por qué a veces Raymond daba intencionadamente su segundo golpe tan a la derecha. Tenía todo el *green* para él en el tercer golpe y estaba haciendo un *pitch* colina arriba. La bola no se movería. No estaba a merced de la colina.

Lancé un *pitch* colina arriba y, sí, era un golpe fácil incluso hacia una bandera que estuviera a la izquierda. Me pareció excelente. «Buen golpe desde allí, el ángulo es muy bueno para hacer un *pitch* colina arriba», comenté. La forma en que Raymond había lanzado el segundo golpe no me cuadraba, a menos que no pudiera llegar al *green*, pero la idea tenía sentido. Unos años más tarde, el Augusta alargó ese hoyo e intenté el golpe que me había sugerido. Jamás se me habría ocurrido de no habérmelo indicado. Esa era la ventaja de jugar con gente que tenía experiencia en el Augusta. Me pareció todo un detalle que jugaran conmigo y me enseñaran el campo. Por eso solo un jugador, Fuzzy Zoeller, ha ganado el Masters en su primer intento en los últimos tiempos. Se tarda en entender las particularidades del campo.

Raymond me enseñó más golpes, atajos y efectos en el Augusta. Utilizamos la antigua bola de balata, con la que es más fácil hacer ese tipo de golpes. Aprendí cómo dar efecto en los *chips* y a frenarlos, cómo rebajar la velocidad en la ladera y a usarla. Básicamente, aprendí los diferentes golpes y palos que utilizaron, así como las opciones que tuvieron. Entonces había muchas más alternativas en los *greens*. El Augusta ha cambiado bastante desde entonces, cuando dábamos mucho más efecto a las bolas y las condiciones cerca de los *greens* eran mucho más complicadas. Se podían dar más golpes diferentes. Ellos los conocían todos.

Aquel martes ofrecí mi rueda de prensa. Dije que intentaba jugar el Masters como cualquier otro torneo. En mi opinión era igual que los universitarios o cualquier trofeo profesional, aunque se prestara mucha más atención al Masters que a cualquier trofeo que hubiera jugado mientras estaba en Stanford. No quería ofender a nadie. Fui sincero, pero algunos periodistas se molestaron y no tuvieron piedad de mí. El Masters era importante, el primer torneo que se disputaba en el año. Cuando me preguntaron si me parecía emocionante estar en el Augusta, contesté que sí, pero aclaré que tenía intención de concentrarme en el juego y no en el ambiente. Aquello tampoco sentó nada bien. Mi planteamiento era disputar todos los torneos, sin importar cuál fuera, para ganar. No lo hacía para distraerme o sentirme intimidado por un campo o su historia. Había leído sobre el Masters y sabía mucho sobre el torneo. Podía hablar sobre él con cualquiera. De hecho, estaría encantado de hacerlo, pero, eso sí, después del torneo. Quería concentrarme en el juego y en los golpes que tenía que dar. Era lo que hacía en todos los torneos. El Masters no era diferente. Así lo sentía.

Estaba siendo sincero, pero noté que el ambiente en la sala de prensa se volvía algo tenso. Cuando me preguntaron por qué los golfistas saben más sobre la historia del golf que otros deportistas acerca de su deporte, contesté: «¿Que por qué? No tengo ni idea. No puedo responder esa pregunta porque no lo sé. ¿Por qué será?». Mis respuestas no eran las adecuadas. También querían saber qué opinaba de ser el cuarto negro que jugaba el Masters, después de Lee Elder en 1975 y Jim Thorpe y Cal Peete. «¿Ha tenido algún problema?», preguntó un periodista. «No he tenido ningún problema, excepto la velocidad de los *green*», contesté.

Conocía bien la historia del Augusta anterior a 1975, cuando no se invitaba a jugadores cuyos logros deberían haberles abierto las puertas y sabía de la negativa del club a aceptar a negros hasta 1990. Pero no quería discutir de tales cuestiones durante la rueda de prensa. A pesar de todo, conocer la historia del club me había influido lo suficiente como para que no me impresionara Magnolia Lane ni estar allí. Me sentía como pez fuera del agua —no era un niño de club de campo—, por mucho que me gustara leer sobre el Masters.

Solo quedaba otro día de entrenamiento. Greg me preguntó si me gustaría volver a jugar con él, y se lo agradecí. Nick Price vino con nosotros. No había ganado el Masters, pero sí el PGA Championship en 1992 y 1994, así como el British Open en 1994. Ese año fue el número uno en la clasificación mundial. Estaba deseando hacer la primera ronda con Nick y ver en persona su enérgico *swing*, su estilo: es mejor jugar rápido que lento, se piensa menos el *swing* y se tienen las ideas claras cuando se guarda el palo. También me animó saber que Nick había hecho 63 en el Masters de 1886. Greg hizo otros tantos en el de 1996. Es el récord del campo hasta nuestros días.

Más adelante jugué con Nick en el U. S. Open de 1995 en el Shinnecock Hills Golf Club de Long Island, en el que hizo 66 en la primera ronda; yo, 74. Después, en el vestuario, le pregunté cuántas banderas había intentado. Contestó que no más de dos. ¿Cuántas había intentado yo? «Todas», respondí. Me dio una buena lección. Se pueden conseguir menos golpes y al mismo tiempo hacer un juego conservador y elegante en una gran competición. Nunca la olvidé.

Nick, Greg y yo lo pasamos bien y seguí aprendiendo cuándo ser agresivo en el campo, cuándo intentar algunos hoyos en función de dónde estuviera la bandera en el *green* y cuándo jugar fuera de ellos. Hablamos mucho, pero, por desgracia, mi clase con Nick y Greg solo duró cinco hoyos. En el quinto *tee* sentí un pinchazo en la espalda y volví a la sede del club después del segundo golpe. Frank Jobe, el cirujano ortopédico, pionero en la cirugía que había salvado la carrera de Tommy John, lanzador de Los Angeles Dodgers (aquella operación, la reconstrucción del ligamento del codo, se conocería como cirugía Tommy John), estaba allí. También había insistido en que se instalara un lugar con aparatos de gimnasia en el PGA Tour. El doctor Jobe me examinó y dijo que un esguince me había producido una contractura muscular. Ralph Sampson, fisioterapeuta del PGA Tour, también estaba en el Augusta. Me trató durante noventa minutos, hasta que decidió que podía seguir jugando.

Empezaba a acostumbrarme a las lesiones; de hecho, me sometí a mi primera operación de rodilla cuando todavía era estudiante. Deseé que no se hubiera producido, pero lo único que podía hacer era sentirme lo suficientemente fuerte como para soportar el dolor y seguir jugando. Hice algunos golpes con hierros cortos y por la tarde jugué el Par 3 Contest con Gary Player y Tim Jackson. Con Jackson también aprendí mucho. El Masters había sido provechoso, había practicado con algunos de los mejores jugadores del mundo.

Aquel miércoles dormí mis habituales cinco horas y salí a correr a primera hora. Iba a jugar con Ollie. Había ganado el Masters de 1994, y a mí, como ganador del U. S. Amateur de 1994, me correspondía jugar con él en la primera ronda. Estaba ansioso no solo por disputar mi primera ronda en el Masters, sino también por hacerlo con Ollie.

Las rondas de entrenamiento me habían confirmado lo que esperaba comprobar: el Augusta National era perfecto para mí. Golpeaba más lejos que la mayoría de los jugadores. Si llegaba a la mitad de forma decente, conseguiría todos los par 5 y probablemente utilizaría ocho o nueve *wedges* en los par 4. Eso facilita mucho el juego.

Cuando hicimos el *tee* de salida empezó a caer una suave y brumosa lluvia. Tommy Bennett había sido *caddie* en quince Masters, así que me pareció apropiado tener a alguien tan experimentado en mi primer presencia allí. ¿Qué sabía yo del campo? Solo lo que había visto en la televisión y lo que había oído decir a los golfistas que habían jugado en él. La única forma de saber verdaderamente lo que tenía que hacer era salir a jugar. Había pensado que mi padre hiciera de *caddie*, porque nadie me conoce mejor que él, pero tenía sesenta y dos años, y Augusta es un campo muy empinado. Decidimos que sería mucho más inteligente trabajar con Tommy.

En el primer *tee* estaba muy nervioso. El corazón y la mente me iban a toda velocidad y no sabía qué tipo de *swing* tendría. Butchie y yo siempre nos asegurábamos de que mi último golpe en el campo de prácticas fuera tal y como me gustaría que fuera mi primer *drive*. Nos dirigimos al primer *tee* y oí una vocecita en mi interior que me decía que confiara en mi *swing*. Golpeé con tanta fuerza como pude para mantener la bola entre los árboles que había a ambos lados de la calle. Se estrelló en un búnker y tuve que dar un golpe con un *sand wedge*. Tendría que haber apuntado a la bandera y haberla dejado por debajo del hoyo hacia el que haría el *putt*. Pero me acobardé y la pelota se quedó en medio del *green*, pero no en línea. Aquello no había salido bien, especialmente con un *sand wedge* en las manos.

Estaba a unos siete metros e hice un *putt* que no me pareció del todo mal. Le había dado un poco fuerte, pero no importaba. La bola rodó hacia la izquierda, pasó el hoyo, siguió rodando y acabó en la parte alta de la pendiente. Los espectadores que estaban al otro lado del *green* empezaron a moverse. Nunca es bueno que tras un *putt* la gente comience a moverse.

Mi siguiente golpe fue uno de los más difíciles del mundo. El terreno estaba embarrado y húmedo; me coloqué entre los espectadores para el tercer golpe después de llegar al *green* con el segundo. Tenía que darle efecto a la bola para lanzarla hacia la colina y que quedara en lo alto de la pendiente. También debía asegurarme de que quedaba cerca. Pero volví a acobardarme y la dejé en la misma línea desde la que la había lanzado fuera con el *putt*. Estaba a tres metros para hacer un *bogey* y, al menos, sabía qué velocidad darle al *putt*. Lo conseguí. ¡Menudo comienzo para mi carrera en Augusta, llegar al *green* en regla y después sacar la bola fuera con el primer *putt*!

Mientras iba hacia el segundo hoyo, me dije que tenía que golpear más allá del búnker que había a la derecha, y lo hice. Salí del *tee* con unos andares un tanto arrogantes porque había conseguido lo que quería. Ollie dijo: «¿Qué está haciendo este chaval?». No creía que hubiera nadie capaz de llegar más allá del búnker. Ollie nunca había sido un lanzador a gran distancia y seguía utilizando maderas de caqui. Yo usaba un *driver* Tour Burner Plus de TaylorMade, que me permitía lanzar la bola a doscientos cincuenta metros. Eso era una gran distancia en aquellos tiempos. Golpeé un hierro seis hasta el *green* e hice 4, con lo que volvía a estar en el par. Ollie dijo que lanzaba la bola tan lejos que necesitaba anteojos para verla.

Había hecho un comienzo decente y mi nombre apareció en el marcador. Nunca había visto mi nombre así. Mostraba todos mis golpes, hoyo por hoyo; y al lado, allí estaba: WOODS. Fue emocionante. Interioricé esa sensación e intenté canalizar la energía hacia mi siguiente golpe. En aquella ronda inaugural hice 72, y otros tantos en la siguiente. En la segunda, cuando subía la decimoctava calle hacia el *green*, sabedor de que me clasificaría, vi a mi padre, a mi madre y a Jay Brunza (amigo, *caddie* en ocasiones y psicólogo de la Marina, que trabajaba principalmente con niños sometidos a quimioterapia). Jay vivía en San Diego e iba todos los sábados a Cypress para jugar conmigo y otros golfistas en el campo de la Marina. Me había ayudado con mi concentración y había sido mi *caddie* en algunos trofeos importantes. Su presencia fue decisiva para mí. Allí estaba yo, acabando mi segunda ronda en el Augusta, y había llegado hasta el fin de semana. Era el único de los cinco jugadores *amateurs* que lo había conseguido. No lo había hecho en ninguno de los siete PGA Tours que había jugado anteriormente. Sin embargo, creo que a partir de entonces empecé a desconcentrarme. En el último *green* necesité tres *putts*. No estaba contento, pero 72-72 era una forma decente de empezar mi primer Masters. Tenía mucho que aprender y por mis dos primeras rondas sentí que estaba haciendo lo correcto para desarrollar mi juego.

Aunque quizá no era así. En la tercera ronda le di la vuelta rápidamente —para mal— e hice 77. En esa ronda me distraje. La lección era evidente: necesitaba mantener la concentración a toda costa. Quitaron mi nombre del marcador rápidamente. En la última ronda decidí cambiar los hierros. Le pedí prestado un juego a Butchie e hice *birdie* en tres de los cuatro últimos hoyos, incluido el decimoctavo. Aquel 72 me colocó a 293-295 sobre par, empatado en el cuadragésimo primer puesto.

A la mañana siguiente, a las nueve, tenía clase de Historia en Stanford y tuve que pasar la noche fuera, pero antes dejé una carta para el Augusta National:

> Acepten mi más sincero agradecimiento por darme la oportunidad de pasar la semana más maravillosa de mi vida. Ha sido como estar en el país de la fantasía y Disneylandia a la vez. Me han tratado como a un caballero durante toda mi estancia y creo haber correspondido. Recordaré mi estancia en el Crow's Nest, y su magnífico campo de golf será un continuo desafío durante toda mi carrera *amateur* y profesional.
>
> He conseguido mucho y he aprendido aún más. Su torneo siempre ocupará un lugar especial en mi corazón, como competición en la que me clasifiqué por primera vez para el PGA, ¡y en un torneo de los grandes! Aquí es donde he dejado mi juventud atrás para convertirme en un hombre.
>
> Mis más afectuosos saludos y mi profundo agradecimiento.
>
> Atentamente,
>
> TIGER WOODS

Aquella noche volví a casa, de Augusta a Atlanta, y de allí a San Francisco. El lunes a las nueve estaba en clase de Historia en Stanford. Allí tuve problemas y no precisamente en clase de Historia. Durante el torneo había escrito un diario que se publicaba en las revistas *Golf World* y *Golfweek*; era un trabajo sin remunerar, por supuesto. Cobrar hubiera supuesto una infracción de mi estatus de *amateur* y miembro de la NCAA (Asociación Nacional Atlética Universitaria), algo que Stanford se tomaba muy en serio. Steve Mallonee, director de los Servicios Jurídicos de la NCAA, me dijo que escribir para esas revistas, aunque fuera sin cobrar, estaba «considerado como promoción de una publicación comercial» y que se estaba llevando a cabo una investigación «con arreglo a las normas». Me expulsaron un día, pero al final decidieron que había infringido las normas sin querer y todo quedó en nada.

Aquello no arruinó mi primer Masters. Seguía pensando cuánto había aprendido en las rondas de entrenamiento, de los golfistas con los que había jugado y del propio torneo. Necesitaba pulir mi juego con los hierros. Mi control de la distancia no era el que deseaba. Me dejaba la piel en los lanzamientos a *green* y normalmente golpeaba con todas mis fuerzas. No tenía el *swing* desacelerador que se requería en ciertas ocasiones y hacía girar la bola demasiado, porque golpeaba con mucha fuerza.

Había estado trabajando con Butchie desde el U. S. Amateur de 1993, año en el que perdí la segunda ronda en el Champions Golf Club de Houston. Mi padre se puso en contacto con Butchie, director de los profesionales del Lochinvar Country Club, y le preguntó si le gustaría trabajar conmigo. Él aceptó y dijo que tardaría tres años en refinar mi juego y adecuarlo para poder competir en todos los torneos que disputara. Habíamos trabajado para alinear el plano del *swing* y acortar el *backswing*. Después de mi primer Masters sabía que tenía que hacer el *swing* a menos velocidad, golpear la bola donde quería y ser capaz de dar efecto a algunas bolas pero solo cuando fuera necesario.

Y

Mientras trabajaba con Butchie después del Masters de 1995, empecé a sentirme más cómodo con las bolas lentas. Mi padre me vio en el campo de prácticas de Carnoustie cuando jugué el Scottish Open unos meses más tarde. Utilicé distintos palos para hacer blanco a doscientos metros de distancia. Me dijo que no me había visto jugar así desde hacía mucho tiempo. Me estaba divirtiendo y utilizaba la imaginación. Era como aquel niño que jugaba en el campo de la Marina. Me encantaba mejorar mi juego y aprender nuevos golpes. Sentía los golpes y después los ejecutaba.

Cinco años más tarde, en el Open Championship en el Old Course, David Duval y yo éramos los únicos que seguíamos en el campo de entrenamiento cuando se hacía de noche. Los aficionados que estaban en las gradas nos pedían que los divirtiéramos, que hiciéramos algún truco. David y yo dijimos, «¿Por qué no?». Lanzamos golpes a la vez. Yo hacía un *hook* y David un *slice,* o viceversa. Las bolas se cruzaban en el aire. Éramos dos jugadores de golf que se estaban divirtiendo y que entretenían a los espectadores. No importaba que lo estuviéramos haciendo durante uno de los grandes. Cuanto más lo pienso, más sentido tiene pasarlo bien en uno de los grandes. Uno cree que hay que hacer algo diferente porque se está jugando un trofeo importante, pero lo único que importa es jugar con inteligencia.

En Carnoustie hice 69-71 para clasificarme en el Scottish Open de 1995, pero acabé con 75-78. En el Open del Old Course hice 74-71-72-78. Disfruté mucho con los matices del campo y con las posibilidades que había cerca de los *greens*. Jugar en campos *links* me permitió poner en práctica mi creatividad. Apreciar todos los matices del Old Course, al igual que los del

Augusta National, requiere tiempo. Mis resultados no fueron los que esperaba, pero sentí que maduraba como jugador de golf.

El siguiente torneo fue el U. S. Amateur de 1995 en el Newport Country Club de Newport, Rhode Island. Me clasifiqué para jugar por hoyos, aunque no lo hice muy bien. Aun así, disputé el torneo y gané mi segundo U. S. Amateur y mi quinto torneo USGA consecutivos (gané el de 1991 y 1992, y el U. S. Juniors de 1993). Jay Brunza había sido mi *caddie* en los cuatro campeonatos nacionales y volvía a cargar mi bolsa en Newport. El campo estaba seco, duro, rápido. Lo habían instalado en la costa este, junto al mar; se parecía a los *links*.

Llegué a la final y al último hoyo del partido a treinta y seis hoyos un golpe por delante de Buddy Marucci, un *amateur* de cuarenta y tres años que pertenecía al Pine Valley, el Seminole y el Merion, tres de los mejores campos de Estados Unidos. Provenía de un mundo completamente diferente del que yo había conocido en Cypress. Lanzó su segundo golpe al decimoctavo *green* y dejó la bola a seis metros del hoyo. Yo estaba a ciento treinta metros. El *green* estaba elevado y pensé que debía utilizar un hierro nueve. Necesitaba golpear con fuerza para llegar allí, pero no quería hacerlo, por el efecto que adquiriría la bola. Opté por un hierro ocho y decidí darle velocidad y efecto, más o menos hacer un golpe con manos muertas. Butchie y yo habíamos ensayado ese golpe desde el Masters y lo puse en práctica.

Salió tal como deseaba: la pelota aterrizó a cinco metros detrás del hoyo y rodó por la pendiente, pero no demasiado. Se detuvo a medio metro del hoyo. Buddy falló su *putt* de *birdie* y concedió el mío. Había conseguido mi segundo U. S. Amateur consecutivo. Butchie estaba encantado, y yo también. Dijo que cuatro meses antes, cuando jugué mi primer Masters, no habría podido golpear con un hierro ocho. Aquella victoria me condujo al Masters de 1996 y también al U. S. Open y al British Open de aquel año.

Escribí a Arnold Palmer mucho antes del Masters para preguntarle si le gustaría hacer una ronda de entrenamiento conmigo. Accedió a jugar un miércoles por la mañana. Al final vinieron Arnold y Jack. Nunca había jugado con Jack. Iba a hacer un *tee* de salida con Jack, que había conseguido seis Masters, y con Arnold, que había ganado cuatro. Había aprendido mucho con los vencedores del torneo con los que había hecho rondas de entrenamiento en 1995 y estaba seguro de que en aquella ocasión iba a aprender aún más. La curva de aprendizaje iba elevándose.

En el primer *tee*, Jack y Arnold dijeron: «Vamos a jugar *skins*». No llevaba dinero encima, así que deseé que no dijeran una cantidad muy alta; o mejor aún: ninguna en absoluto. Jugamos por una cantidad simbólica. *Skins* es una modalidad del golf en la que el jugador con menos golpes en un hoyo gana la apuesta; si dos jugadores empatan, se va al siguiente hoyo y así sucesivamente hasta que uno de los jugadores gana a todos los demás. De hecho, un jugador que no ha competido en los hoyos anteriores que han acabado en empate puede llevarse las ganancias acumuladas en esos hoyos. En nuestro partido, se habían ido sumando hasta el decimoctavo hoyo. El que lo ganara se llevaría los *skins*.

Me esforcé cuanto pude para hacer *birdie* y llevarme ese dinero. Habría sido fantástico. Hice par, al igual que Jack. Arnold estaba a tres metros de ganar los *skins* y clavó la bola. Nos lanzó una de sus típicas miradas. Les agradecí que hubieran jugado conmigo aquellos dieciocho hoyos. Me preguntaron si iba a jugar el Par 3 Contest por la tarde y les dije que sí. Me pidieron que hiciera nueve hoyos en esa competición. Propusieron mantener los *skins*. «¿En serio?», pregunté. No teníamos hora para comenzar, pero Arnold me dijo que no me preocupara.

Fuimos al primer *tee* del campo del Par 3 y, como por arte de magia, en el momento en el que aparecieron Jack y Arnold, nos dieron turno. Yo estaba en un pequeño *green* para practicar *putts* al lado del *tee*. Había dos hoyos. De repente, empezamos a jugar. Lo mejor de los nueve hoyos fue que todos hicimos dos en el noveno. Jack ganó los *skins*, pero no me pidió que le pagara. La verdad es que se lo agradecí.

Después del partido, Jack ofreció una rueda de prensa. Le preguntaron qué impresión le había causado. Entonces fue cuando dijo que Arnold y él pensaban que podía ganar tantos Masters como ellos dos juntos. O sea, once veces. Me animó mucho que dos de los mejores jugadores de todos los tiempos —bueno, Jack era el mejor si se tienen en cuenta todos los grandes torneos ganados— pensaran eso de mí.

Sin embargo, ese año no gané mi primer Masters. En la primera ronda jugué contra Ben Crenshaw, el anterior ganador, y lo único que hice bien fue lanzar lejos y dentro de las calles. La bola aterrizó en todas ellas y en diez *greens*, pero mis *putts* fueron desastrosos. No conseguí acertar con la velocidad de caída de los *greens* y también hice algunos golpes muy malos con hierros cortos. Mantuve el control de la distancia, pero no mostré lo que había sido capaz de hacer en el U. S. Amateur el verano anterior. Lancé con *wedges* más allá del *green* en el undécimo hoyo y en el decimocuarto, e hice *bogey* en ambos. También tuve problemas con los hierros largos. En el segundo hoyo, después de lanzar un *drive* a un búnker, me quedé a doscientos metros del *green* y tuve que utilizar un hierro cuatro para avanzar treinta metros. Me costó otros cuatro golpes llegar. Hice 75 en la primera ronda. Al día siguiente pasó algo parecido: otros 75; no me clasifiqué por cuatro golpes. Jack tenía razón en algo. Dijo que quizá no estaba listo para ganar el Masters en mi segundo intento. Ningún jugador es una máquina, por mucho que haya entrenado. Estaba progresando adecuadamente, pero no lo demostré en el Masters de 1996. Volví a San Francisco.

Greg Norman sacó una ventaja de seis golpes a Faldo en la última ronda. Todo el mundo creyó que ganaría el Masters. Había estado a punto en muchas ocasiones, como en 1986, cuando tuvo que hacer par en el último hoyo para desempatar con Jack Nicklaus, que ya había acabado. Este había hecho *birdie* del decimocuarto al decimoséptimo hoyo y, obviamente, estaba en racha. Pero tras golpear con una madera tres en la decimoctava calle, lanzó la bola con un hierro tres hasta los espectadores. Desde allí dio un golpe de aproximación bajo y dejó la pelota a cuatro metros para hacer un *putt*. Pero no lo embocó y perdió la oportunidad de ganar el Masters.

En ese momento, diez años después, parecía que Norman iba a ganar el Masters. Pero desaprovechó la ventaja de seis golpes y acabó con 78, mientras que Faldo hizo 67 y se llevó el torneo. En la última ronda, Faldo nunca se quedó corto. Mantuvo la bola por debajo del hoyo. Para puntuar bien en el Augusta, hay que hacer cosas así; pero lo que realmente me sorprendió fue lo rápidamente que puede desaparecer una buena ventaja.

Ese domingo jugamos un partido de clasificación para el siguiente torneo de Stanford. Todos los jugadores tenían que disputarlo para poder entrar en el equipo. Si me hubiera clasificado para el Masters, dudo mucho que hubiera estado en el equipo. Jugamos al mismo tiempo que se disputaba el Masters y hasta el final no nos enteramos de lo que había pasado. Lo sentí por Norman, pero aprendí otra gran lección. Un año después la tuve muy presente. Se podía recuperar un mal comienzo, tal como pasó tras llevar cuarenta en los primeros nueve hoyos en el Masters de 1997. Y, asimismo, se puede perder una gran ventaja el último día. Incluso una enorme.

3

Lunes, 7 de abril de 1997

Era lo que había estado esperando desde que me había hecho profesional ocho meses antes: mi primer Masters como profesional. Había estado entrenando para ese momento desde principios de año, incluso en otros torneos, en los que practiqué golpes que sabía que necesitaría en el Masters: lanzar la bola alta con un ligero efecto y hacer un *putt* de acercamiento para disponer de más *tap-ins* en mi segundo *putt*. Butchie y yo apuntábamos al Masters, apuntábamos muy alto.

Debido a que mi golpe preferido en el Augusta era de derecha a izquierda, pensé que una forma de mejorarlo cuando entrenaba era golpear las bolas con un *driver* con cabeza de madera de caqui. Tenía un antiguo *driver* Cleveland Classic y un MacGregor Eye-O-Matic, y los utilicé para asegurarme de que golpeaba la bola en el lugar adecuado, para lanzarla con efecto. Quería usar el efecto engranaje que se consigue con la madera de caqui. Las cabezas eran pequeñas en comparación con cómo se fabricarían con el tiempo y tenían suficiente abombamiento y bandeo como para hacer un *swing* normal con la punta, para que la pelota cogiera efecto. Si golpeaba más cerca del cuello, la bola iba hacia la izquierda. Podía trazar la dirección de la pelota como quisiera. Si apuntaba hacia la parte izquierda de la calle y golpeaba con el cuello, la bola siempre salía hacia la derecha. Si golpeaba con la punta, salía con efecto hacia la izquierda. En la actualidad, con los descomunales *drivers* de titanio no se consigue el efecto engranaje. Si se golpea con el cuello, la bola va hacia la izquierda. Si se golpea con la punta, a la derecha. Noté que sentía más la cara en la bola cuando practicaba con madera de caqui; esos palos me parecieron una herramienta ideal para prepararme para Augusta.

Todos los años tenía la impresión de que el Masters estaba a la vuelta de la esquina; lo tenía presente a todas horas y me recordaba que tenía que empezar a entrenar. Cuando era joven hacía lo mismo para el Junior World, el U. S. Junior y después el U. S. Amateur. Cuando me convertí en profesional, empecé a pensar en los cuatro grandes. De todos los torneos, eran los que quería jugar a mi mejor nivel.

Cuando jugué el Augusta National siendo *amateur* me di cuenta de que necesitaba golpear la bola lo más alto posible para evitar los búnkeres, montículos y pendientes desde los *tees*. Así que mi objetivo en las sesiones de entrenamiento y en las rondas que hacía para preparar el Masters no era solo golpear la bola para que fuera de derecha a izquierda, sino también sentirme cómodo lanzándola alta. Utilizaba la misma tabla de distancias que había usado en 1995 y 1996 porque el terreno apenas había sufrido cambios. Estos llegaron después, cuando el club decidió que tenía que alargar el campo e implementar otras modificaciones para compensar lo lejos que lanzaban los jugadores.

Fluff y yo sabíamos las distancias que debía recorrer la pelota por el aire hasta los montículos del hoyo decimoquinto; los habíamos medido y eran mi objetivo. Desde allí haría un *drive* que aterrizaría en la zona delantera y haría que la bola rodara rápidamente. También teníamos las medidas de vuelo de la pelota en otros hoyos importantes. Butchie y yo hablamos durante el entrenamiento previo al Masters sobre los golpes que necesitaba hacer en cada hoyo. «Ok, estás en el decimoquinto *tee*. Haz un *drive* que deje los montículos a la derecha.» Si alcanzaba mis objetivos en los hoyos con par 5, llegaría a los tramos rápidos con hierros medianos o cortos, y a los hoyos con par 4 con *wedges*. De esa forma convertiría los par 5 en par 4.

Conforme iba aprendiendo cómo se jugaba el Augusta National me fui dando cuenta de lo importante que era golpear alta la bola para salvar los búnkeres cercanos a los *greens*. Era la única forma de llegar cerca de los hoyos. No tenía sentido ensayar golpes bajos para el Augusta. No me extrañó que Lee Trevino nunca se diera cuenta de que tenía posibilidades de ganar el Masters. Tenía un gran control sobre la bola, pero golpeaba bajo. Sus mejores resultados en el Masters los obtuvo en 1975 y 1985, cuando empató en la décima posición. Ganó dos U. S. Open, dos British Open y dos PGA Championship, pero el Masters se le resistió. No era un campo adecuado para un jugador tan creativo como él. Es lo que dijo cuando decidió no disputar los Masters de 1970, 1971 y 1974. Posteriormente me enteré de que la verdadera razón por la que no había jugado esas ediciones era porque no se había llevado bien con Clifford Roberts, fundador del club y presidente del torneo, desde que se conocieron y le dijo que el campo no presentaba problemas para él. El Augusta está lleno de leyendas, positivas y negativas, y nunca se sabe hasta qué punto y cuáles son ciertas.

También había oído comentarios sobre jugadores negros que no habían podido jugar en el Masters. Todo el mundo estaba escribiendo sobre mí, por ser un afroamericano que disputaba su primer Masters como profesional. Intenté dejar claro que era afroamericano por parte de padre y asiático por parte de madre; describirme solamente como afroamericano era obviar mi herencia materna. En el U. S. Open de 1995 me referí a mí mismo como «canesiático», una palabra inventada, formada a partir de caucásico, negro y asiático. Nunca he creído que fuera correcto o justo pensar en mí solo como afroamericano. Nunca lo haré. Lo que está claro es que tener una gota de sangre negra supone que en Estados Unidos te consideren afroamericano.

Lo que yo quería era ser jugador de golf y que la gente me viera como tal, pero, evidentemente, no lo iba a conseguir. A pesar de todo, controlaba mi juego. La forma de tener más oportunidades de ganar era golpear alta la bola, dejarla en los lugares adecuados cercanos a los *greens* y controlar la velocidad de los *putts*. Me había centrado en esos aspectos.

Dediqué mucho tiempo a todos los aspectos de mi juego, excepto a las bolas bajas. Había trabajado con Butchie desde principios de año en poner menos intensidad en los *putts*. Cuando era juvenil y después *amateur*, solía intentar embocar todos los *putts*; eso provocaba que aún tuviera mucho trabajo por hacer cuando el primer *putt* pasaba junto al hoyo. Pero así era. Me entregaba en cada uno de los aspectos de mi juego y demostraba esa actitud con todos los palos de la bolsa, del *driver* al *putter*. En el Bay Hill y el Players Championship, un par de semanas antes del Masters, Butchie y yo pensamos que empezaba a entender lo que significaba el *cup speed*. Aprendí a golpear una bola para embocarla desde cualquier parte del hoyo: delante, detrás, por los lados y por todos los puntos intermedios. Respecto al *swing*, continué trabajando para rebajar el efecto con los hierros, para que la pelota no retrocediera al aterrizar en los *greens* de Augusta.

Era el tipo de jugador que prefiere ser más enérgico que conservador en los golpes, sin correr riesgos innecesarios cuando la penalización por errar un golpe era importante. A pesar de todo, no me resultaba fácil refrenar mi espíritu temerario. Los *greens* de Augusta exigían un enfoque más prudente. Una forma segura de eliminarme del torneo sería tener que hacer *putts* de vuelta continuamente para estar al par después de haber lanzado la pelota unos centímetros más allá del hoyo en los resbaladizos y ondulados *greens*. Agarraba el *putter* con fuerza, quizá para sentir que me emocionaba completar un *putt*. Pero en el Augusta es peligroso hacerlos así. Butchie me propuso una nueva forma de no extralimitarme con el *putter*; debía agarrarlo, si no con más suavidad, sí sin lo que los jugadores llaman el agarre «mortal». Butchie encontró un fabricante que vendía un *putter* que sonaba si se agarraba con demasiada fuerza. No me gustó nada, pero era muy práctico. Practicaba con él en casa y en las habitaciones de hotel durante los torneos e incluso en las rondas de entrenamiento. Me daba vergüenza que sonase y en ocasiones tuve problemas para que dejara de hacerlo.

Podría pensarse que simplemente tenía que dejar de forzar el agarre, pero me resultaba muy difícil. Podía agarrarlo con suavidad sobre la bola, pero instintivamente intensificaba el agarre en la empuñadura al hacer el ensayo antes de mover el *putter* hacia atrás. Butchie se reía como solo él sabe hacerlo cuando no conseguía relajar el agarre, pero con el tiempo aprendí a aflojarlo.

Con todo, siempre he tenido tendencia a agarrar con fuerza la empuñadura.

Al mismo tiempo también dedicaba incontables horas a trabajar otras partes de mi juego en corto. Fue una suerte haber pasado tiempo con Seve Ballesteros en Houston, cuando los dos entrenábamos con Butchie. Seve había ganado el Masters en 1980 y 1983. Había visto esos torneos en vídeo. A menudo se utiliza la palabra «mago» referida al juego en corto de Seve. Es lo que era: un mago. Llegué a pensar que cerca de los *greens* podía hacerlo casi todo con la pelota de golf. Pasó horas enseñándome su juego en corto. Practicábamos hasta que anochecía. Quería saber cómo se las apañaba. Yo no era capaz de hacer todos los golpes que él daba, pero entendía partes de ellos. Le pregunté cómo lo hacía, pero saberlo no implicaba que consiguiera hacerlos. De todos modos, eso no era tan importante: no necesitaba todos sus golpes o utilizarlos como él lo hacía. Podía ser creativo a mi manera.

Marko también me había ayudado a prepararme para Augusta, mientras trabajé para adquirir lo que mi padre calificaba como «modo mayor». A pesar de que había jugado dos veces el Masters, todavía era joven y sin refinar. Mientras jugaba con Marko en Isleworth me di cuenta de que no sabía jugar. Podía lanzar lejísimos, pero eso solo era la parte fácil. Necesitaba una mayor variedad de golpes y aún no había desarrollado las partes físicas del juego. Tenía un juego relativamente inmaduro, todo potencia con cualquier palo que tuviera en las manos.

Durante nuestra primera sesión después del torneo *amateur* de 1993, Butchie me preguntó si tenía un golpe de referencia, automático, cuando no estaba haciendo bien el *swing*. Todo jugador necesita un golpe fiable que pueda poner en práctica, y yo no tenía ninguno. Le dije a Butchie que mi golpe de referencia era el de siempre: hacer un *swing* tan rápido como podía, darlo todo en cada golpe. Después iba a buscar la pelota y volvía a golpear. Pensó que jugar de esa forma era cosa de niños engreídos. Y la verdad es que tenía razón. Pero le gustó mi actitud. Tenía un estilo propio y había ido ganando torneos, así que funcionaba. Cuando empecé a trabajar con Butchie había ganado tres U. S. Junior consecutivos. ¿Sabía cómo puntuar y ganar? Sí, en una categoría juvenil. Sabía cómo hacer mi trabajo. Pero necesitaba más golpes y mantener la distancia, además de ser más preciso.

Estaba claro que en los *greens* de Augusta utilizaría sobre todo hierros cortos. Pero no sabía cómo emplearlos con suavidad, cómo dar los golpes medios o cómo dominar el golpe para conseguir la distancia que deseaba, fuera cual fuera. Butchie insistió en que aprendiera a golpear la pelota para que quedara al nivel del hoyo. No se estaba refiriendo a donde estaba la bandera, sino a la distancia que uno decidiera. Si la bandera estaba a ciento sesenta y cuatro metros, quizá fuera preferible asegurarse de que la bola recorría ciento sesenta metros para que se quedase algo corta y poder hacer un *putt* cuesta arriba.

En el Augusta también había muchos hoyos en los que necesitaría conocer el punto adecuado para embocar la bola, en función de la posición de la bandera. El noveno *green* era un buen ejemplo. En el Masters de 1995 aprendí que nunca debía ir más allá del hoyo. Podía hacer un *putt* fuera del *green* desde allí. Pero ¿cómo dar un golpe de aproximación a un punto que realmente no me llamaba la atención? Al igual que todos los jugadores, tenía problemas para ver otra cosa que no fuera la bandera. Para el Masters de 1997 ya había aprendido a concentrarme en la distancia a la que tenía que lanzar la bola para que aterrizara en el lugar adecuado. Sabía cómo olvidarme de la bandera. Marko me ayudó, aunque no fue fácil. Eso nunca será sencillo.

Llegué al Augusta un lunes después de volar desde Orlando con Marko. Mi padre vino al día siguiente, con su médico, el doctor Gene McClung, que se quedó con nosotros. Mi madre también estaba allí, al igual que mis amigos Mikey Gout y Jerry Chang.

Mikey y yo crecimos en la misma calle y cursamos primaria juntos. Después de clase jugábamos al baloncesto o con videojuegos en casa de alguno de los dos. Entre nuestras casas había un campo y llevábamos palos para dar algunos golpes. Mi padre propuso darle clases a Mickey, pero él estaba más interesado en el fútbol.

Un día estaba jugando al fútbol con Mickey y un par de amigos. Llevaba el balón y corrí sin mirar hacia delante: la típica fanfarronada. Me di contra un árbol y me quedé inconsciente. Tumbé el árbol y sufrí una conmoción cerebral. Los idiotas de mis amigos no querían llevarme a casa porque tenían miedo de la reacción de mi madre. Sin embargo, lo hicieron. Aunque se supone que se ha de despertar a la persona que tiene una conmoción y observar cómo reacciona, mis amigos se limitaron a dejarme en la puerta, llamar al timbre y desaparecer (gracias, colegas). A pesar de ello, seguimos siendo buenos amigos.

Jerry y yo nos conocimos en Stanford. Había pertenecido al equipo de golf, acababa de licenciarse y viajaba conmigo. Tuve la impresión de que volvíamos a estar en la universidad, yendo de torneo en torneo, excepto que por el hecho de que yo disputaba más campeonatos y lo hacía contra los mejores jugadores del mundo. En cuanto a torneos, el golf profesional no era muy diferente del que jugábamos en la universidad; por eso me gustaba tener cerca a los viejos amigos. Organizamos acaloradas partidas de tenis de mesa, de videojuegos y lanzamos algunos tiros a canasta, fuera de la casa. Algunos de los partidos fueron muy reñidos. Era tan competitivo como en el campo de golf.

Jerry era el conductor en la semana de Augusta. Me llevó y me recogió en el campo todos los días en un Cadillac negro, cortesía del Masters. A veces, cuando mi padre quería ir, también lo llevaba. Normalmente, Jerry se quedaba en casa cuando mi padre estaba allí para ayudarle en lo que necesitara. Jenny Hull, secretaria personal de Kevin Costner, también estaba con nosotros. Había jugado con Kevin en el AT&T Pebble Beach National Pro-Am aquel año, donde conocí a su *caddie*, Brian Hull, hermano de Jenny. Brian había jugado en el equipo de golf de la University of Southern California. Tenía pensado pasar un tiempo con Kevin después del Masters, mientras rodaba *Mensajero del futuro* en Bend, Oregón.

Kathy Battaglia y Hughes Norton trabajaban en IMG, mi agencia en ese momento. Se quedaron en la casa de la IMG, pero Kathy fue la supervisora de la nuestra durante toda la semana. Estaba en el barrio de Conifer, al oeste del campo, a unos diez minutos con tráfico despejado. Sabía que mi padre no podría ir al campo todos los días. Así pues, Kathy alquiló un televisor con una pantalla enorme para que viera el torneo. Un tipo que vivía en la zona se encargó de cocinar. El menú era siempre el mismo, al menos para mí: pollo o bistec.

El lunes por la mañana me levanté a mi hora habitual, muy temprano. Rara vez dormía más de cuatro o cinco horas, y solía abrir los ojos de cuatro a cinco de la mañana, sin despertador. Para mí, levantarme más allá de las seis era quedarme dormido. Utilicé el cuentakilómetros del coche para hacer rutas de tres o cuatro kilómetros en la zona en la que vivíamos. Me encantaba correr. Por la mañana, después de desayunar, normalmente algún tipo de avena, salía a la calle para correr seis u ocho kilómetros, ida y vuelta. Tardaba una media de cuatro minutos treinta en hacer un kilómetro. Eso era correr rápido. Si quería trabajar duro, lo hacía en cuatro. Lo que estaba claro es que empezaba el día sudando.

En el instituto practiqué atletismo y durante algunos años me habitué a correr, incluso durante los torneos. La oscuridad me relajaba y dejaba que todo fluyera por mi mente. Para mí, correr era como meditar. Podía librarme de todo tipo de estrés, ansiedad, agitación o nervios. A veces, cuando corría con mal tiempo, me entraban ganas de dejarlo, porque llovía o hacía frío. Pero nunca me permitía abandonar y utilizaba esa circunstancia como motivación. Correr en condiciones adversas me daba la oportunidad de poner a prueba mi voluntad, incluso quizá reforzarla. Pensaba en algo que dijo Mohamed Alí: la voluntad ha de ser más fuerte que la habilidad. Quería considerarme un deportista y hacer lo que hacen los deportistas.

Muchas personas no creen que el golf sea un deporte. Cuando jugaba en el equipo de golf del instituto, ni siquiera me consideraban deportista, pero tenía que hacer ejercicio. No había elección. Tenía que participar en los entrenamientos del equipo e ir a la sala de pesas. Después me di cuenta de que aquello era muy útil y empecé a disfrutar.

Siempre he pensado que el golf debería considerarse un deporte y que, cuanto más en forma estuviera, mejor lo practicaría. Pero mi padre también me enseñó desde que era niño a fortalecer la mente. Como *amateur* —cuando empezaba perdiendo y después ganaba torneos nacionales— y durante mis primeros siete meses como profesional, aprendí que mi mente podía ser mi mejor aliado. Lo más importante era no darse nunca por vencido, desde el primer golpe en el primer hoyo hasta el último al final del recorrido. El primer hoyo es tan importante como el último y todos los golpes tienen la misma importancia. Les dedicaba la misma concentración, la misma intensidad. No me esforzaba más cuanto más avanzaba en un torneo. Nada cambiaba. Me afanaba tanto como podía desde el primer golpe. Aprendí a tener esa mentalidad y a conservarla. Esa era la forma en la que iba a enfocar el primer golpe del Masters. Cada ronda duraría unas cinco horas como mucho, así que me quedaban otras diecinueve para recuperarme. ¿Por qué no iba a concentrarme tanto como pudiera esas cinco horas? Lo hacía y acababa rendido.

Necesitaba reforzar mi voluntad porque la fuerza mental es una baza importante en el golf, pero también porque ya me había sometido a algunas operaciones, acompañadas de dolor en la rehabilitación y en la recuperación. La primera fue en 1994, mientras estaba en Stanford: me extirparon dos quistes de la vena safena de la rodilla izquierda que afectaban el nervio safeno. Tengo una gran cicatriz en la parte posterior de la rodilla. Me operaron pocas semanas antes de mi decimonoveno cumpleaños, el 13 de diciembre. Cargué el coche y me fui a Cypress. Quería jugar en mi cumpleaños y fui a rehabilitación todos los días. Los fisioterapeutas y los preparadores consiguieron que recuperara el movimiento de la rodilla y, finalmente, me quitaron los puntos. La hinchazón también se redujo. Sin embargo, me llevé una decepción cuando me dijeron que todavía no podía jugar. Ansiaba estar en un *tee* de salida. A pesar de llevar un voluminoso aparato ortopédico de color verde, pregunté si podía jugar con él. Me recomendaron que no lo hiciera, pero también dijeron que no me pasaría nada si lo hacía.

«¡Que les den!», pensé, y me fui a jugar con mi padre al campo de la Marina. No creyó que fuera buena idea, pero le engañé. Empecé preguntándole si podía estar en el carrito mientras jugaba con sus amigos. Dijo que sí. Después comenté si podía llevar mis palos, para dar golpecitos en un *green* o hacer *putts*.

De repente, sin que mi padre se diera cuenta, estaba haciendo un *tee* de salida al lado de sus amigos: llegué a mitad de la calle. Cuando se interesaron por mi rodilla les contesté que estaba bien, aunque el dolor era atroz y la procesión iba por dentro. El par de los primeros nueve hoyos era 37: hice 31. «¿Sabes qué? Creo que por hoy es suficiente», le dije a mi padre. Notaba que la piel sobresalía en el aparato ortopédico. La rodilla se estaba hinchando tanto que tuve que apretarlo más. Era como cuando te tuerces un tobillo. No te quitas el zapato porque se hinchará. Yo seguí con el aparato porque tenía que ver jugar los últimos nueve hoyos a mi padre y a sus amigos. No podía ir a ningún sitio para poner la pierna en alto con hielo. Tenía que hacer los nueve hoyos. Y lo hice, sin dejar ver lo mucho que me dolía. La mente es muy poderosa.

Jerry me llevó al campo después de la carrera por la mañana. Fui a la oficina de Jack Stephens, presidente del torneo, porque quería preguntarle algo. «Siéntese», me invitó. Lo hice y le dije: «Señor Stephens, ahora soy jugador profesional, pero me clasifiqué para este torneo porque gané el U. S. Amateur. Sé que la tradición del Masters impone que el ganador del U. S. Amateur juegue la primera ronda con el actual campeón del Masters. No sé si esa tradición se mantendrá en mi caso, ya que he venido como profesional. ¿Jugaré con el actual campeón?».

Mis victorias desde que me había convertido en profesional me habían asegurado la participación en el Masters. Sin embargo, precisamente porque ahora era profesional, el hecho de haber ganado el U. S. Amateur no debía contar. No estaba seguro de si mis victorias en el campo profesional me permitirían enfrentarme al campeón, tal y como deseaba. Mi triunfo en Las Vegas Invitational, mi primera victoria como profesional, no me habría convertido en pareja del campeón. Este juega la primera ronda con el último ganador del U. S. Amateur, no con el del PGA Tour.

El señor Stephens se recostó en la silla y se quedó callado. Parecía estar pensando la respuesta. Nunca olvidaré ese momento: «Hijo, te has ganado ese derecho». Le di las gracias: valoraba mucho esa oportunidad. El señor Stephens me deseó buena suerte y me fui. Podía haberme dado otra respuesta, que como profesional no podía jugar contra el campeón, por ejemplo. Lo hubiera entendido, pero me habría llevado una gran desilusión. El Augusta National tiene control absoluto sobre los emparejamientos, así que podían haber hecho lo que hubieran querido. Pero Will Nicholson, entonces presidente del comité de competición de Augusta (murió en mayo de 2016), dijo que, a pesar de volver a clasificarme para el torneo tras mis victorias como profesional, debía jugar contra Nick Faldo, pues el señor Stephens había dicho que tenía derecho a hacerlo. Salí de su oficina entusiasmado.

El señor Stephens tenía razón, me había ganado el privilegio de jugar con el campeón. Para mí no fue fácil tomar la decisión de convertirme en profesional en agosto de 1996, pero me había dado cuenta, tras consultarlo con mi padre, de que ya no tenía nada que hacer en el golf *amateur*. Había ganado todos los torneos *amateurs* importantes. Había llegado la hora de subir de nivel.

Mi padre había insistido en que tenía que ganarme ese ascenso en los campos, ganando torneos. Pasé del golf juvenil local al golf juvenil nacional, y después al golf *amateur* nacional. Fui ganando en cada categoría que jugué. Eso sí, cada vez que subía de categoría, empezaba con una derrota. Al principio, nunca era lo suficientemente bueno. Para la edad que tenía, era capaz de lanzar la bola muy lejos, pero eso no implicaba que ganara al resto de los jugadores de mi grupo de edad.

Cuando perdí ante Justin Leonard en el Big I, el Insurance Youth Golf Classic del Texarkana Country Club de Texarkana, Arkansas, solo tenía trece años. Justin tenía diecisiete. Lancé a mucha distancia para un chaval de mi edad, pero no para uno de diecisiete. Todos lanzaban más lejos que yo. Ellos eran jóvenes, mientras que yo solo un niño mayor: había una gran diferencia entre nosotros. Eran más grandes, más fuertes y más eficientes. Sabían cómo controlar la pelota. Eran más listos. Tenía mucho camino por recorrer, mucho que aprender.

Acabé mi carrera juvenil ganando tres U. S. Junior consecutivos. Tras conseguir el primero en julio de 1991, hice 152 al mes siguiente en el U. S. Amateur y no conseguí clasificarme para el juego por hoyos. En 1992, hice 78-66 y me clasifiqué para el juego por hoyos, pero perdí contra Tim Herron en la segunda ronda. Volví a entrar en el juego por hoyos en 1993, pero me echaron de nuevo en la segunda ronda. El salto del golf juvenil al siguiente nivel fue difícil. Tras perder esa segunda ronda, mi padre se puso en contacto con Butchie y le preguntó si podría ayudarme con el *swing*. Tres años después, cuando gané el U. S. Amateur (el tercero consecutivo) de 1996, quedó claro que estaba preparado para convertirme en profesional. Había conseguido hacer la transición del golf juvenil al *amateur*. Ahora había llegado el momento de dar el siguiente paso.

A pesar de todo, tampoco había hecho gran cosa en los torneos profesionales que había jugado como *amateur*. Nunca competí en ninguno de los diecisiete torneos en los que participé. Solo me clasifiqué en siete de ellos. Era cierto que había ganado tres U. S. Junior y tres U. S. Amateur, pero eso no significa nada en relación con las giras. Me hice profesional la semana después de mi último U. S. Amateur y de jugar en el Greater Milwaukee Open. Tenía siete torneos en los que podía conseguir exenciones de patrocinadores e intentar ganar suficiente dinero como para pagar el derecho a jugar en la temporada de 1997. Debía ganar tanto como el tipo que acabó en el puesto ciento veinticinco de la lista de dinero acumulado. Necesitaba jugar bien. Recordé el Los Angeles Open de 1992 en el Riviera, en el que hice 72-75, pero en el que no me clasifiqué. Creí que lo había hecho bien, pero quedé diecisiete golpes por debajo de Davis Love III. ¿Cómo podía estar tan lejos aún? Solo tenía dieciséis años, pero no era tan bueno. De hecho, comparado con los otros jugadores del circuito, era pésimo.

Hasta el British Open de 1996 en el Royal Lytham & St. Annes Golf Club el mes antes de dejar mi condición *amateur*, no estuve listo para jugar con los profesionales. En la segunda ronda hice siete *birdies* en once hoyos, y 66 después de haber empezado con 75. El fin de semana hice 70-70, con 281 en total, y fui *low amateur*. Aquello me empataba con el jugador inglés Iain Pyman en cuanto a puntuación *low amateur* en un open; él había hecho 281 en el open de 1993 en el Royal St. George's, que ganó Greg Norman.

Los 66 que hice en Lytham, donde dormí en el suelo de la habitación del hotel porque no me gustó la cama (el colchón era demasiado blando) lo cambiaron todo, sobre todo después de mi pésima primera ronda. Saber que podía hacer tantos *birdies* en una vuelta de un circuito me llenó de confianza. Los siete *birdies* en un tramo de once hoyos los hice cuando al cabo de solo cinco estaba sobre par del día, y cuatro sobre par en el torneo. Estoy seguro de que Richard Noon, un chaval del club que fue mi *caddie* durante esa semana, pensó que no me clasificaría. Años después le comentó a Ewan Murray, un periodista del *Guardian*, que dije: «Hay que darle la vuelta». Richard añadió que, a partir de entonces: «Fue como si se hubiera accionado un interruptor».

Confiaba en mí mismo. Me di cuenta de que podía jugar ese torneo como profesional. Empezaba a ser más eficaz y no desperdiciaba golpes como en anteriores campeonatos profesionales. Era cuestión de entrar en una buena dinámica: a partir de ahí, todo me iría bien. Cuando llegué al Open no tenía muy claro que al poco sería profesional, pero la segunda ronda me convenció de que era lo suficientemente bueno no solo para jugar contra los profesionales de los circuitos, sino que podía competir y ganar.

Al echar la vista atrás, de una cosa que me arrepiento es de no haberme quedado otro año más en Stanford, porque me gustaba mucho. Echaba de menos las noches en las que nos juntábamos un grupo de estudiantes y hablábamos de todo. Extrañaba irme en Navidades y estar deseando ver a mis amigos para ponernos al día. Los alumnos de Stanford son excepcionalmente inteligentes, por lo que algunas de nuestras conversaciones se alargaban mucho. Una noche hablamos sobre Descartes durante tres horas; cinco o seis personas charlando apasionadamente. Otra noche hablamos sobre la evolución de las tribus mongolas de Asia central. Yo podía hablar durante horas sobre la evolución del *swing*, pero aquello era un nuevo mundo para mí: me pareció muy sugerente. Era estimulante charlar sobre temas que no se solían tratar en los circuitos. Echaba de menos esas conversaciones, pero había llegado el momento de convertirse en profesional.

Jamás había visto nada como lo que vi en Milwaukee en mi primer torneo como profesional. En el L. A. Open que había disputado cuando tenía dieciséis años, el primer *tee* estaba abarrotado y se produjo un gran alboroto cuando empecé mi ronda. Pero una vez que comencé a jugar, el público se fue a ver a los mejores jugadores; aprendí a estar rodeado de multitudes, pero también a jugar cómodo cuando los espectadores se iban. En Milwaukee pasó algo muy diferente. Estuve rodeado de una multitud durante todo el partido. Era muy diferente a otros torneos del circuito porque la mayoría de los espectadores solo seguían a mi grupo. Era alucinante. En Milwaukee hice mis primeros trescientos metros en una calle: fue una sensación muy agradable.

Jugué una ronda con Bruce Lietzke. Estaba deseando hacerlo porque le daba mucho efecto a todos los golpes. Ni siquiera entonces se veían jugadores que curvaran tanto la trayectoria de la bola. Daba efecto hacia la izquierda o hacia delante. Pero también hacia la derecha. Me habían hablado de su juego y lo había visto por la televisión, pero presenciarlo en directo era muy diferente. Lanzó tan lejos hacia una bandera a la izquierda que pensé que la pelota había desaparecido. Estaba a punto de gritar: «¡Bola!», cuando, de repente, empezó a girar y a volver, y acabó a tres metros del hoyo. «Vale. Eso no me lo esperaba», pensé. Simplemente era otra prueba de que los jugadores de circuitos tenían mucho nivel. Todos ellos. Nadie entraba en un circuito por suerte.

Después de convertirme en profesional tuve la sensación de que jugaba todas las semanas, lo que era muy diferente a participar en uno o dos torneos universitarios al mes. Quería ganar el carné del PGA Tour de 1997, lo que implicaba que tenía que seguir jugando. En Milwaukee acabé empatando en decimosexta posición. La semana siguiente quedé undécimo en el Canadian Open, que se acortó por la lluvia: hice tres rondas. Empaté en el quinto puesto en el Quad Cities Open, y en el tercero en el B. C. Open de Endicott, mi cuarto torneo desde que me había hecho profesional (también se acortó debido al mal tiempo). Mis ganancias en esos primeros cuatro torneos garantizaban que acabaría el año entre los ciento cincuenta jugadores que más dinero habían ganado. Gracias a ello, en 1997 me concederían exenciones ilimitadas de patrocinadores. Todos los participantes en el B.C. Open me felicitaron por haber conseguido el carné tan rápidamente. Fue uno de los mejores momentos de mi vida.

Ya era un verdadero profesional. Había asegurado mi carné y había conseguido mi sujetabilletes, el reconocimiento tangible de que había entrado en el PGA Tour. Dos semanas más tarde, gané el Las Vegas Invitational; después acabé tercero en el Texas Open y gané el Disney en octubre. Empezaba a sentirme cansado, pues en la universidad nunca había jugado tantos torneos. Quizá sea una locura hablar de un jugador quemado a los veintidós años, pero así me sentía después del Disney. A finales de año conseguí descansar un poco; a principios de 1997, gané el Mercedes Championship, el torneo reservado para los ganadores de la anterior temporada.

Para entonces ya apuntaba hacia el Masters. Mis intentos de mejorar en el juego corto continuaron el lunes de la semana del torneo. Jugué nueve hoyos con Seve y Ollie. Fue una clase magistral: su golf me recordó a las improvisaciones de *jazz* que tanto le gustaban a mi padre. Disfrutaba cuando el talento combinaba distintos elementos musicales y creaba algo de la nada. Las improvisaciones de *jazz* no son eso: improvisaciones, que, por lo tanto, no se pueden ensayar. En el Augusta se pueden entrenar todo tipo de golpes, pero forzosamente siempre has de golpear la pelota desde una posición nueva. Seve y Ollie eran unos genios de la improvisación, ganadores del Masters. Tal como he mencionado anteriormente, Seve lo ganó en 1980 y 1983, y Ollie en 1994 (también lo ganaría en 1999). En nueve hoyos me dieron una lección de golpes ingeniosos. Después de jugar con ellos, me sentía eufórico. Cuando siguieron la ronda por su cuenta, intenté todo tipo de golpes.

Poco después me contaron una historia sobre Seve que resumía su espíritu, su competitividad y su creatividad. Estaba jugando con Tom Kite en la última ronda del Masters de 1986 y habían llegado al octavo hoyo, con par 5. Entonces no había muchos jugadores capaces de llegar al *green* en dos golpes, pues las bolas todavía no se habían convertido en misiles. Tom había hecho unos noventa metros, mientras que el segundo golpe de Seve se quedó a cuarenta y cinco metros del *green*.

Aquello me enseñó que para Seve no era importante tener un golpe con el que llegar al *green*. Si tenía que dar golpes que alcanzaran la mitad o tres cuartos de la distancia, le parecía bien. Creo que los disfrutaba más que los golpes largos. Siempre quería hacer algo con la bola. Los golpes convencionales y lograr la distancia exacta no le atraían. Seve era un jugador sensitivo. Me gustó su estilo desde que lo conocí y no me sorprendió aquella historia, sobre todo cuando recordé los golpes que hizo cuando jugamos el lunes del Masters de 1997.

Aquel domingo de 1986, Kite lanzó un potente *wedge* al *green* y lo embocó. Imagino a Seve mirando a Kite después de ese golpe mientras pensaba en el as en la manga que estaba a punto de mostrar. Tenía pensado algo especial. Iba a hacer magia.

Estudió su golpe. El hoyo estaba a la izquierda de una parte del *green* ligeramente elevada. Tenía un par de opciones, por lo menos. Podía lanzar la pelota directamente hacia el hoyo o darle efecto para asegurarse de que frenara rápidamente. Pero vio otra forma de hacerlo. Podía utilizar el contorno derecho del hoyo. Lanzó un golpe de aproximación corto y bajo para aprovechar la pendiente y que rodara hacia el hoyo. Dudo mucho que hubiera practicado ese golpe, pero estoy seguro de que vio claramente la trayectoria, los rebotes y la caída. La bola salió disparada por la calle, aterrizó en el *green*, siguió rodando, subió la pendiente, rodó a la izquierda y de lado, y cayó en el hoyo encima de la de Tom. Los dos habían embocado sus golpes de aproximación y habían hecho un *eagle*. Según me contaron, ambos se alegraron muchísimo. Fueron juntos hacia el *green* saludando al público. Es una pena que la CBS no cubriera ese hoyo. Debió de ser un momento muy especial: un Seve memorable.

Lo más genial del Augusta National es que permite ser imaginativo cerca de los *greens*. Y yo sabía que cuanto más imaginativo pudiera ser, más inspirado me sentiría. Era otra de las razones por las que estaba tan entusiasmado con mi primer Masters. En realidad, con mi primer grande como jugador profesional.

4

Martes, 8 de abril de 1997

La sala de entrevistas del centro de prensa estaba abarrotada. Era martes a media tarde y mi rueda de prensa estaba a punto de empezar. Aquella mañana, bien temprano, había hecho una ronda de entrenamiento con Marko. Me gustaba la sensación de que estar dentro de las cuerdas fuera un refugio para mí.

El interés que había despertado en los medios había ido en aumento desde el *amateur* en Newport, Rhode Island, de 1995. Y en el *amateur* de Pumpkin Ridge, cerca de Portland, había llegado a su cima. Iba a jugar cinco torneos de la USGA, incluidos dos U. S. Amateur seguidos. Algunos jugadores, como Bobby Jones y Jay Sigel, habían ganado dos U. S. Amateur consecutivos, pero yo iba a disputar mi tercero en Pumpkin Ridge. El torneo tenía tanto atractivo que en el partido final contra Steve Scott, que jugaba en el equipo de golf de la Universidad de Florida, había quince mil espectadores. Según contaron, desde que Bobby Jones había hecho el Grand Slam en el U. S. Amateur de 1930 en Merion no se había reunido tanta gente en un torneo así. Después de los dieciocho hoyos por la mañana, iba cinco por debajo en el partido contra Steve, que, como todas las finales del U. S. Amateur, estaba programado en treinta y seis hoyos, con hoyos de muerte súbita adicionales, en caso de ser necesario. Cuando faltaban tres hoyos, seguía dos por debajo, pero me recuperé en el trigésimo sexto y después gané el segundo hoyo adicional.

Mi principal objetivo, mi único objetivo durante todo ese día, había sido no perder la concentración. A lo largo de la semana se había especulado sobre cuándo me haría profesional. ¿Sería después de ese torneo? ¿Más adelante? Intenté desviar las preguntas diciendo que tenía pensado hacerme profesional en el futuro. Seguía siendo *amateur*: nadie había ganado tres U. S. Amateur consecutivos. Era muy diferente a ganar dos seguidos; además, también podía ser mi sexto trofeo de la USGA consecutivo. Aquello aumentó aún más las apuestas. Hice 69-67 y me clasifiqué para el juego por hoyos del torneo como medallista, por lo que era el cabeza de serie.

El creciente interés de los aficionados y los medios de comunicación había alcanzado su punto máximo, al menos en mi carrera *amateur*. Necesitaba entrar en lo que mi padre llamaba «modo mayor» y levantar un muro a mi alrededor. Me pareció una situación extraña; a veces, cuando hablaba con la gente, era como si fuera otra persona. Me oía hablar y al tiempo estaba pensando en mi juego. En aquellos tiempos tenía una especie de extracorporalidad. No quería salir del refugio que me proporcionaba la concentración. Disfrutaba con ella y necesitaba toda la que pudiera reunir, además de aunar toda la fuerza de voluntad posible. Después gané, pero me sentía agotado. Aun así, la sensación fue genial. Fueron tres U. S. Junior consecutivos, seguidos de tres U. S. Amateur.

Dos días después de la victoria, anuncié que iba a hacerme profesional. Siete meses y medio después estaba en el Augusta para jugar el Masters. No me sorprendió que el interés de los medios de comunicación hubiera aumentado tanto que en la sala de entrevistas solo se pudiera estar de pie. Resultaba algo muy halagador, pero al mismo tiempo me había propuesto que no se me subiera a la cabeza.

La rueda de prensa empezó un poco rara, pues mi primera respuesta hizo que se respirara cierta incomodidad en la sala. Danny Yates, un miembro del Augusta, presidía la sala y dijo: «Bueno, ya tenéis lo que habéis estado esperando todo el día. Tiger, diles unas palabras y después les dejaremos que te ataquen».

Hice exactamente lo que me pidió, con tres palabras: «Hola y adiós». La estaba liando, pero así era como me había enseñado mi padre a contestar las preguntas de los medios de comunicación. Si me preguntaban qué palo había utilizado en cierto *green*, les decía el número. No daba explicaciones ni decía cosas como: «Utilicé un hierro siete. Había pensado usar un ocho, pero noté que se levantaba el aire y no quise correr el riesgo de que la bola cayera en el búnker de delante». No, me habían preguntado qué palo había utilizado y había contestado. Eso era todo. Me di cuenta de que esa no era la forma de ser popular entre los medios, pero mi padre me había dicho que era lo mejor que podía hacer. Aunque también quería mostrar respeto por el Masters cuando me hicieran preguntas. Sabía que el señor Yates quería algo más que «Hola y adiós».

Con todo, en mi respuesta no hubo mucha información. No era mi forma de ser ni nunca lo sería. Dije: «No, creo que, como siempre, es un placer estar en el Augusta. Estoy deseando jugar». Imaginé el bostezo colectivo. No tenía fama de dar un «buen titular» o una «buena entrevista». En ese momento, el señor Yates abrió el turno de preguntas. Inmediatamente me preguntaron si los circuitos eran tan exigentes como había pensado que serían. Me puse en modo automático y contesté: «No, mucho más». La siguiente pregunta, «Viajes, medios de comunicación, autógrafos, ¿qué le atrae más?», me hizo salir de mí mismo. No intentaba ser reservado ni jugar con los medios, pero tenía delante un mar de periodistas. Además, a la mayoría de ellos no los conocía. No sabía en quién podía confiar, por lo que no iba a decir lo primero que me viniera a la cabeza.

Prefería seguir aislado del mundo que había fuera del campo de golf, aunque en el fondo sabía que era imposible. Quizá me relajaría con los medios. Llevaba tan poco tiempo jugando como profesional que no estaba seguro de cómo iría. No quería dejar que nadie, aparte de mi círculo de amigos íntimos y de mi familia (y nadie era nadie) supiera lo que estaba pensando. Sin embargo, era consciente de que tenía obligaciones con los medios. Intentaba encontrar el equilibrio entre lo público y lo privado. Pero no lo había encontrado. De hecho, dudo de que lo haya logrado hoy en día, tantos años después.

Cuando leí la transcripción de la entrevista del martes, descubrí que pensaba lo mismo que había pensado durante muchos años como *amateur*. Los viajes, los medios y los autógrafos eran la razón por la que la vida en los circuitos era más exigente que la vida como *amateur*. Dije algo que siempre he creído y sentido, que «la parte del golf es la más fácil, es la que me gusta». Continué diciendo que me resultaba difícil complacer a todo el mundo que quería parte de mi tiempo y que había aprendido a decir que no.

En cierta forma, era una hazaña que pudiera hablar en esas concentraciones de medios de comunicación, o en público, porque en primaria tartamudeaba. Mi tartamudez era evidente y me angustiaba tanto que me sentaba en la parte de atrás de la clase con la esperanza de que los profesores no me preguntaran nada. ¿Para qué sentarse en primera fila si no se puede hablar? Mi cabeza funcionaba, pero no podía canalizar las palabras desde mi mente a mi boca. Cada vez que tenía que hablar, tartamudeaba tanto que me daba por vencido.

Finalmente, mi madre me llevó a un logopeda, que llegó a la conclusión de que oír dos idiomas (inglés y tailandés) cuando era pequeño me había confundido y había provocado la tartamudez. Fui a un programa especial extraescolar durante dos años y aprendí a hablar sin problemas. Durante el colegio seguí luchando contra mi tartamudez para lograr la confianza necesaria y matricularme en una prestigiosa universidad. Incluso hablaba con el perro, una mezcla de labrador y retriever que se llamaba Boom-Boom (lo llamamos así porque su ladrido era muy profundo para ser un cachorro). Me prestaba atención hasta que se quedaba dormido. Aprender a dejar de tartamudear fue más difícil que cambiar mi *swing*. Eso es seguro.

Muchos años después, en 2015, leí un artículo de Ron Sirak en el Golf Digest sobre un joven que tartamudeaba. Su tartamudez era tan intensa que había intentado suicidarse porque lo acosaban; sus padres evitaron que se tirara por el balcón de su cuarto, pero se fracturó el tobillo en el forcejeo. Me enteré de que le gustaba verme en televisión y le escribí una carta para animarlo y asegurarle que también podría superar su tartamudez. La antigua jugadora de la LPGA Tour, Sophie Gustafson (que también tartamudea) había sido la mentora del joven y Ron había escrito sobre ese caso. Me pareció un acto maravilloso y generoso por parte de Sophie.

En cuanto a mí, al recordarlo, solo puedo decir que pasar de la última fila en clase a ir a Stanford a sentarme frente a doscientas personas en el centro de prensa, aunque fuera a regañadientes, era un gran avance.

La rueda de prensa duró un buen rato. Me gustaron los momentos en los que hablamos del campo y de las estrategias. Recuerdo decir que creía que todos los ganadores del Masters tenían una cosa en común: dejaban la pelota por debajo del hoyo. En el Augusta era imposible puntuar si se hacían *putts* desde encima del hoyo. Era una lección que se me había quedado grabada desde que había sacado la bola de un *green* con el *putt* en la primera ronda de mi primer Masters hacía dos años. El truco para jugar en el Augusta era no hacer el golpe de aproximación para dejar la bola por encima del hoyo. Eso implicaba, tal como he dicho anteriormente, que hay que tener una buena estrategia respecto a los hierros. «Eso también se aplica a los golpes desde el *tee*. No se puede hacer un golpe hacia la calle y esperar lo mejor. Hay que colocar los golpes desde el *tee*», dije. Mi madre me lo había enseñado en las rondas de entrenamiento matutinas. Esas cosas nunca se aprenden demasiado. Tuve muy presentes esas ideas cuando jugué la primera ronda.

El Augusta facilita la concentración en los entrenamientos. El Masters es el mejor torneo del mundo en lo que se refiere a blindar a los jugadores de la atención exterior. En los campos de prácticas no había nadie, a excepción de los instructores y los *caddies*; en general, se hace una excelente labor para proteger a los jugadores. Ningún medio de comunicación puede acceder al campo de prácticas. Se puede entrenar sin distracciones, algo que no sucede en otros torneos. Los profesionales tienen suerte de haber conseguido la fama y el brillo mediático inherente a su clase, pero, al mismo tiempo, los campos de prácticas y los *greens* para hacer *putts* son nuestras oficinas, donde hacemos el trabajo que hace que merezca la pena vernos sobre el campo. No soy el único jugador que preferiría tener más intimidad en los campos de prácticas durante los torneos de la PGA Tour.

En el campo del Augusta solo estaban el jugador y su *caddie*, nadie más. En los trofeos de la PGA Tour, se permite que los medios de comunicación entren dentro de las cuerdas. En el Masters, no, ni siquiera en las rondas de entrenamiento. Ni siquiera se deja entrar dentro de las cuerdas a los instructores. Butchie estaba con los espectadores, fuera de las cuerdas. Si quería hablar con él, tenía que acercarme hasta donde estuviera.

La ronda de entrenamiento con Marko por la mañana había resultado muy provechosa. En el Augusta todo dependía de dónde colocaras los *drives*, según donde estuvieran las banderas ese día. Si el hoyo estaba en la parte frontal del *green*, me aseguraba de hacer el golpe de aproximación pasado el hoyo y de no darle mucho efecto a la bola, para que no descendiera por la empinada pendiente y se saliera del *green*, tal como le había pasado a Norman en la última ronda del Masters de 1996. En cuanto al hoyo decimoséptimo, no quería quedarme corto si la bandera estaba en la parte derecha del *green*. Aquello implicaba un golpe de recuperación casi imposible. A pesar de todo, sabía que sería difícil terminar el Masters sin cometer errores, en especial en los *greens*. Intenté aprender dónde perder la pelota para hacer un golpe de recuperación. Los compañeros con los que había hecho rondas de entrenamiento sabían qué hacer en el Augusta en el juego corto. Les pregunté al respecto. La parte más fácil era lanzar las bolas más allá de los búnkeres de las calles. La difícil, decidir dónde perder mis aproximaciones a cada bandera y, si las perdía, qué golpe hacer desde allí. No tenía excusa para fallar ese tipo de golpes. Sobre todo porque ya había jugado el Masters anteriormente y había hecho rondas de entrenamiento con muchos de los mejores jugadores del mundo, incluidos antiguos ganadores.

Uno de los elementos que podía aprovechar era la pelota que utilizaba en esos tiempos, una Titleist Professional 90. Tenía núcleo líquido, capa de hilo y cubierta de uretano moldeado. La bola giraba mucho y podía hacer infinidad de cosas con ella. Sin embargo, también podía darme problemas con un mal *swing*, porque se movía mucho más cuando había viento. Cambiaba de dirección incluso cuando hacía golpes para que resistiera la acción del viento. Pero en los *greens* era la bola perfecta para el Augusta. También resultaban muy útiles sus estrías rectas, que favorecían el giro.

El acuerdo que firmé con Titleist cuando me convertí en profesional me permitía utilizar los palos que quisiera hasta que desarrollaran un equipo para mí (ya usaba bolas Titleist). Mis hierros dos, tres y cuatro eran Mizuno MP29, y del cinco al *pitching wedge*, MP14. El *sand wedge* y el de sesenta grados eran Cleveland Classic. También utilizaba un *driver* King Cobra de diez grados y medio, así como una madera tres de quince grados. El *putter* era un Scotty Cameron con insertos de terilio que se parecía a un PING Anser 2 que había utilizado durante años. Todos los *putters* que he usado se parecían al Anser 2, porque es con el que crecí. Me gustaba su ligera compensación, que me permitía tener las manos adelantadas a la bola en el momento del impacto. Y su cuello de fontanero me era muy útil porque el golpe hacía un arco.

Me sentía muy cómodo con mi equipo, quizá porque no trasteaba mucho con él. Lo único que me importaba era que los palos cumplieran su cometido cuando hacía los *swings* que quería. Si hubiera tenido pocos golpes en mi repertorio, el Augusta habría destapado mi debilidad. Llevaba tres *wedges* en la bolsa, que me permitían suficientes opciones de golpe, en función de la posición en los *greens*. El *pitching wedge* era de cincuenta y un grados; también tenía un *sand wedge* de sesenta y seis grados y otro de sesenta. Los *wedges* de cincuenta y seis y sesenta grados eran los únicos palos que tenían estrías rectas. Me gustaban las estrías en V del resto de los hierros, sobre todo en los campos con hierba alta. No tenía problemas para sacar las bolas de la hierba y había aprendido a controlarlas.

Sin embargo, cerca de los *greens*, la situación era bien distinta. Quería saber exactamente lo lejos que podía lanzar un *pitch* con diferentes longitudes de *swing* a distintas velocidades. Necesitaba comprobar cómo reaccionaría la pelota al aterrizar en el *green*. Después de la ronda de entrenamiento del martes, pensé que solo podría utilizar el *wedge* de sesenta grados para sacar la bola de los búnkeres cercanos a los *greens* si me quedaba corto. Esperaba que no ocurriera tal cosa. Todo dependía de dónde colocara los *drives*. Si conseguía los ángulos adecuados hacia las banderas, me evitaría muchos búnkeres.

En las rondas de entrenamiento me había dado cuenta de que en el Augusta podía jugar con ángulos diferentes. Solo había que elevar la bola y lanzarla hacia el centro de la calle, porque, antes de que el club añadiera hierba alta —el «segundo corte»— y alargara el campo para el Masters del 2002, había mucho espacio. También se añadieron árboles. Así conforme cambiaba el campo, también mudó la forma en que lo veía. Estaba dejando de parecer un campo *links* de interior para convertirse en un campo de parques. Pero en 1997 todavía era un *links* de interior, cosa que me permitía elegir entre una amplia selección de golpes.

Al recordar el campo en el que jugué, me viene a la mente el undécimo hoyo. Podía hacer un largo *drive* hacia la derecha porque la calle era muy ancha y apenas había árboles en ese lado. Desde allí tenía un ángulo ideal para llegar al *green*, sin siquiera tener que pensar en el agua que había a la izquierda. No interfería en el golpe, ni siquiera desde donde estaba el público.

Ben Hogan solía decir que, si llegaba al *green* con el segundo golpe, estaba claro que había cometido un error, porque no era allí donde quería lanzar la bola. Hogan estaba usando hierros medianos o largos en el segundo golpe: acertó al lanzar a la derecha del *green* y lejos del estanque que había a la izquierda. Yo lanzaba tan lejos que utilizaba un hierro corto o un *wedge* para llegar al *green*. Jugar desde la derecha y con un palo tan corto me permitía hacer aproximaciones al *Green*; en ocasiones, directamente al hoyo. Si no llegaba al *green*, había cometido un error. Si la bandera estaba a la derecha del *green*, iba a la parte izquierda de la calle y lanzaba hacia la mitad izquierda del *green*. Aquella estrategia funcionaba. Estaba jugando en un campo diferente del que lo había hecho Hogan, no porque el Augusta National lo hubiera cambiado, sino porque lanzaba la pelota muy lejos y había mucho espacio.

Nunca me ha gustado quedarme en el campo después de una ronda en un torneo o incluso tras una ronda de entrenamiento, ni siquiera cuando era *amateur*. La única razón por la que alguna vez me quedé fue para practicar. Si no, me iba. No vi razón para cambiar esa costumbre cuando llegué a profesional. Eso sí, siempre atendía a mis obligaciones con los medios de comunicación (como la rueda de prensa o las entrevistas con las distintas cadenas de televisión que poseían los derechos de retransmisión del Masters). Después de la rueda de prensa del martes, Jerry me llevó a casa. No me gustan las siestas, así que descarté dormir. Echamos unas canastas, jugamos mucho al tenis de mesa y a algunos videojuegos. Necesitaba distraerme. No quería estar pensando en el Masters a todas horas del día. Durante el torneo, en teoría también tenía que entrenar, pero había ido a disputar un torneo, no a pulir mi juego.

Ir a aquella casa me relajaba porque estaba con mi familia y mis amigos. Pasábamos el rato y nos divertíamos. De haber seguido en la universidad, habría sido juvenil. En cambio, ahora era un profesional que disputaba el Masters. La rueda de prensa anterior al trofeo había acabado y pensé que había salido bien. El ambiente estaba más tranquilo. A partir de entonces, mi obligación era jugar lo suficientemente bien como para hacer otra visita, o varias, al centro de prensa.

5

Miércoles, 9 de abril de 1997

Cuando me desperté el miércoles por la mañana, sentí ese entusiasmo tan característico al que me había acostumbrado cuando se acercaba un trofeo importante. El golf es un juego extraño. Se necesita tener sensación de poder cuando se quiere lanzar un *drive* y calmarse cuando hay que hacer un golpe difícil por encima de un búnker hacia la bandera que hay al otro lado, cuando ves que te alejas del *green*. Había aprendido a controlar el ritmo cardiaco con la respiración, aunque no siempre resultaba fácil.

Quería explosividad para golpear la bola en el Augusta, y para ello había ido con los *wedges* que me ofrecieran ventaja. Estudié qué se necesita para tener explosividad, algo que continuaría haciendo conforme me hacía mayor. Era necesario desarrollar fibras musculares que se contraigan rápidamente, en lo que trabajaba haciendo pesas en el gimnasio. La forma más efectiva de conseguirlo es levantar grandes pesas a un ritmo rápido. Hacer *sprints* también te ayuda a desarrollar músculos de contracción rápida, así que los incorporé a mis ejercicios. En ambos casos, la clave es contar con un programa de entrenamiento que mezcle corta duración con gran intensidad. Desarrollar músculos de contracción rápida me ayudó a ser más potente con la bola desde lo alto del *backswing*.

Algo que también requiere esfuerzo es pasar de una contracción rápida a una lenta en pocos minutos, de bombardear un *drive* a ese complicado *pitch* a los resbaladizos y ondulados *greens* del Augusta. Resulta mucho más fácil desarrollar una contracción lenta que una rápida. Hice largas carreras de resistencia y levanté pesas a un ritmo más lento que cuando entrenaba en la contracción rápida, para desarrollar más fibras musculares de contracción lenta. También hice más abdominales. Me encantaba pasar tiempo en el gimnasio; en ocasiones, estaba horas.

Solo tenía veintiún años, pero conocía mi carácter. Era muy nervioso. Quería sentir la adrenalina mientras jugaba torneos, pero también ser capaz de calmarme cuando quisiera. Marko y yo hablamos mucho de esa cuestión desde que nos conocimos. Había ganado torneos en todo el mundo, pero ninguno de los grandes. Ganar los grandes —o cualquier torneo, ya puestos— es difícil, pero quería saber si algún factor en particular le había impedido conquistarlos. Que un jugador de su talla no hubiera ganado ningún grande despertaba mi curiosidad. No lo sabía, pero ciertamente no había sido por no intentarlo.

Uno de los misterios de los torneos de golf, o de cualquier deporte, es por qué unos jugadores tienen habilidad para ganar. Y ganan muchos. Es un factor intangible. Resulta difícil entender a qué se debe.

A Marko no le importó que le preguntara por qué no había ganado uno de los grandes. Era como mi hermano mayor, mi mentor en muchos sentidos. Éramos como esos amigos que pueden hablar de todo. Aun así, estaba claro que no quería que se le etiquetara como el «mejor jugador que no había ganado uno de los grandes». Pero nos gastábamos bromas y nos lo decíamos el uno al otro.

A pesar de que durante todas las rondas de entrenamiento había infinidad de público, el miércoles tuve la impresión de que había incluso más espectadores. Quizá se debía a la importancia de la ocasión: sentí que todos me estaban mirando. Aquello me puso de los nervios, aunque cualquiera pensaría que a esas alturas debería de estar acostumbrado; aun así, me sentí incómodo. No me ayudó a sobrellevar el ser el centro de atención. Me demostró que podía abstraerme en el entrenamiento, hacer mis golpes y a la vez estar relajado e incluso bromear mientras el público me miraba. Intenté hacerlo, pero también me estaba cerrando cada vez más para poder llegar al primer *tee* el jueves con el estado de ánimo que deseaba. Estaba golpeando la bola de la forma que había querido hacerlo en la última ronda de entrenamiento. Había entrado en ese estado en el que, cuando juego, me pongo mi armadura de los torneos. Pero en los entrenamientos quería disfrutar del momento, de que me viera la gente. No siempre me salía bien, sobre todo si daba un golpe que no me gustaba. Pero lo intentaba. Si iba a triunfar en los grandes, más me valía acostumbrarme a ser el centro de atención.

Marko se dio cuenta de lo que estaba pasando. En el noveno *tee* me dijo: «¿Te imaginas si te dieran cinco dólares por cada foto que te están sacando?». Seguimos jugando y me centré en lo que hacía en los *greens*. Era muy bueno en los *putts*, por lo que me fijé en cómo distribuía el ritmo adecuado de pausas y velocidad. Su juego se basaba en el control; asimismo, observé cuándo decidía jugar con mayor dinamismo, según dónde estuvieran los hoyos.

Mi amigo Jay Brunza también me ayudó a preparar el Masters. Fomentó mi creatividad. A veces quería hacer demasiado con un golpe, en vez de limitarme a dar uno convencional. El Augusta te puede seducir para que intentes un golpe original, aunque las circunstancias no lo requieran. ¿Por qué complicarse si se puede dar un golpe normal? Pero, por otra parte, ¿cómo se mantiene el equilibrio entre jugar un golf creativo y lo que se podría denominar como golf estándar?

Jay también me ayudó a entender que no sabía visualizar los golpes. Los psicólogos deportivos y los entrenadores de la mente llevan años aconsejando que se debe visualizar el golpe antes de darlo. Pero yo no podía hacerlo. Nunca he podido y sigo sin poder hacerlo. No podía decirme a mí mismo: «Vale, esta es la trayectoria que veo, esta es la forma que tendrá el golpe». Mi mente divagaba. Veía demasiado, lo que no es nada práctico en el golf. Tenía que aprender y aceptar mi tendencia a sentir los golpes con las manos y el cuerpo. Sentía lo que quería que hicieran las manos en el momento del impacto y confiaba en que esa sensación creara el movimiento que lanzara la pelota al lugar deseado. Por el contrario, Jack Nicklaus nunca echaba el palo hacia atrás hasta ver el golpe que deseaba o, en el *green*, hasta ver la bola en el hoyo. No comprendía cómo podía hacerlo, al igual que estoy seguro de que él no entendía mi planteamiento.

Cuando la primera ronda estaba cerca, empecé a preocuparme por un aspecto concreto de mi *swing*. Era muy espectacular al golpear porque en lo alto del *backswing* estaba muy lejos de la línea. Había trabajado duro con Butchie en el plano del *swing* y había mejorado mucho, pero seguía teniendo problemas para estar en plano. Debía mantener la posición del impacto con las manos (es a lo que me refiero con ser «espectacular»). Los brazos y el cuerpo no estaban sincronizados, algo que es crucial para golpear con fuerza la bola o rebajarla en un golpe suave. Butchie y yo habíamos trabajado en ese problema la semana anterior al Augusta y también había intentado observar de cerca cómo lo hacía Marko. Pensé que igual se me pegaba su control.

Al mismo tiempo, confiaba en sincronizar la posición de impacto con las manos. Para poner la cara en posición para hacer el golpe que deseaba, bajaba un poco las manos en el plano. Parecía que las estaba poniendo delante de mí. Aun así, me recordé que la semana anterior había hecho 59 y que había acabado con un buen *swing*. A lo largo de la semana, no me faltaba tanto para hacerlo bien. Había conseguido sintonizar algunos buenos golpes. Pero siendo el golf como es, también había cometido errores.

Cuando la primera ronda se acercaba, no le dije a nadie que tenía miedo de dar el efecto equivocado, excepto a Butchie. Luchaba contra no conectar con el Augusta, contra atascarme. En los entrenamientos llegué a un punto en el que trituraba el *driver*, pero ¿aguantaría bajo presión? ¿Funcionaría? Tenía tantas dudas que no sabía cuándo haría un mal *drive* que saliera hacia la izquierda. Me estaba atascando y no parecía que pudiera hacer otra cosa que esperar a que durante el torneo reapareciera mi ritmo.

No era que no hubiera trabajado en mejorar el plano. Estaba en ello y pensé que siempre lo haría. Había empezado a jugar cuando era tan pequeño que no había sido fácil encontrar el equipo adecuado.

Los equipos personalizados no eran tan populares ni

tan sofisticados cuando yo tenía cinco años, en 1980. Mi padre se ocupaba de mis palos e hizo todo lo que pudo. A partir de la talla media de una persona, uno ochenta más o menos, calculó lo largo que debía ser un palo, dependiendo de la altura. Gracias a eso utilicé palos de mi medida, por lo que no tuve que ajustar mal el *swing*, como hacen los niños que utilizan palos que no son de su medida.

Sin embargo, tenían un problema: pesaban mucho. Mi padre cortó la varilla de los suyos, que eran X-100, a una medida que yo pudiera utilizar, pero continuaban siendo muy pesados. Por eso, cuando empecé, tuve que aprender a generar toda la potencia y velocidad de mi cuerpo para utilizar ese equipo. De niño era demasiado pequeño y débil como para hacerlo solo con las manos, por lo que, para conseguir velocidad, tuve que recurrir a las caderas.

Conforme progresaba, las varillas nunca se arqueaban o, si lo hacían, no lo notaba. Simplemente sucedía. No lo forzaba. Cuando fui creciendo, esa técnica me ayudó a mover las caderas con más rapidez en el *downswing* y en el impacto. Eso, y lo que solo puedo describir como instinto, debieron inducirme a encontrar la forma de que el palo volviera a la bola con el mayor ángulo recto posible y con velocidad. Cuando tenía trece años y mi padre me cambió los palos por otros más cercanos a la medida estándar, me asusté. Sentí el golpe en la varilla por primera vez, pero no conseguía sincronizar el regreso de la varilla a la bola. De repente, la varilla era flexible cuando la bajaba. No sabía qué estaba pasando y le pregunté a mi padre. Me dijo que aquello se debía a la flexibilidad de la varilla y que lanzaría mucho más lejos cuando aprendiera a sincronizar debidamente. No sabía si tenía que hacerlo más rápido o más lento. Finalmente, lo adiviné, pero me costó tiempo. Cuando fui al Masters, a veces todavía giraba la cadera tan rápido que se adelantaba a las manos. Por eso el plano estaba torcido.

Si jugaba bien, sentía lo que hacía mi cuerpo durante el *swing* y qué pasaba cuando no estaba bien colocado. La ciencia dice que es imposible hacer un cambio en un movimiento que se realiza en un segundo y medio, pero creí que podría compensarlo. En la bajada, a mitad de ella o en el momento del impacto, podía solucionar el problema, salvar el golpe con las manos. Aquello me fue muy útil en el Masters.

Mi padre me enseñó cómo salvar un golpe diciéndome qué tipo de impacto debía buscar cuando estaba en lo alto del *swing*: con efecto a la derecha, hacia dentro, hacia la izquierda o hacia fuera. Era solo un juego, pero me acostumbré a poder salvar un golpe cuando las cosas no iban bien. «¡He hecho un *backswing* horrible. ¿Qué puedo hacer? Voy a tener que adelantar las caderas un poco para ralentizar el golpe o la bola saldrá muerta hacia la izquierda». U otras veces: «¡Vaya! Tengo que relajar las caderas y abrirlas; mover el pie derecho; retrasar las manos; frenar la parte superior del cuerpo; mover más rápido el brazo izquierdo; el brazo derecho; extenderlo». Mientras aprendía a salvar un golpe, sentía todas esas cosas. Para mí eso es centrarse en el momento.

Eso no quiere decir que con semejante actividad continua pudiera competir en los niveles más altos. Pero me animaba saber que la tenía, sobre todo cuando no estaba sincronizado en las rondas de entrenamiento y las sesiones de práctica. Butchie me impuso un ejercicio de *swing* completo que no me gustó desde que empezamos a ponerlo en práctica. Se suponía que iba a ayudarme a que los brazos y el cuerpo trabajaran juntos para mejorar el plano. En su opinión, tenía que poner las manos más hacia delante durante el *swing*. De esa forma no tendría que confiar tanto en la sincronización. También mejoraría el plano, porque los brazos y las manos no estarían moviendo el palo fuera de plano.

Me obligó a subir el palo hasta arriba y a quedarme quieto. El siguiente paso era girarme hacia atrás con cierto impulso, después empezar a bajar y acabar el *swing*. No me gustaba ese ejercicio porque era imposible generar velocidad cuando detenía el *swing*. Era joven, me gustaba la potencia y la tenía, aunque la consiguiera instantáneamente, en vez de con una suave transferencia de energía.

Sin embargo, ese ejercicio no estaba destinado a practicar la potencia. Perdía el impulso cuando dejaba el palo en lo alto y apenas lo adquiría cuando me giraba hacia atrás. No estaba haciendo un *swing*, sino encontrando una postura que potenciara la consistencia. El objetivo era sentir dónde estaba el palo en lo alto y después dejarlo bajar junto con el cuerpo. Era un ejercicio para desarrollar una sensación, así como la secuencia perfecta desde la posición elevada, para adquirir precisión y velocidad. Mejoró mi secuencia y, lo que es más importante, tuve la sensación de saber dónde quería tener el palo en lo alto. A veces era difícil y frustrante, pero finalmente conseguí hacerlo con naturalidad, sin pensar en ello.

Seguía recayendo en los hábitos que había adquirido cuando empecé a jugar al golf con palos que eran demasiado pesados para mí. Eso no desaparecería, al menos no para siempre. Todo jugador de golf tiene defectos que ha de vigilar a lo largo de su carrera. Mi mayor problema, el de quedarme atascado, nació cuando era un niño. Y sabía que jamás desaparecería por completo.

Y

El Par 3 Contest se celebraba el miércoles por la tarde, tal como se ha venido haciendo durante años. Es una de esas tradiciones que hacen tan especial al Masters. El campo de esa competición es muy bonito. Jugué el Par 3 todos los años hasta 2004, en el que hice un hoyo en uno en el noveno, jugando con Mo y Arnold. Ese año, hice 23 y empaté en menor número de golpes con Pádraig Harrington. Nadie había ganado el Par 3 y el Masters el mismo año. No quería poner a prueba ese registro histórico y cedí ante la superstición. Preferí no competir por la copa de cristal que el club entrega al ganador. Aparte de la superstición, pensé que el Par 3 me distraería del torneo, y además se disputaba poco antes de la primera ronda. Dejé de participar después de 2004; sin embargo, cuando nacieron mis hijos Sam y Charlie, decidí competir de nuevo cuando tuvieran edad suficiente para ser *caddies*. Cuando regresé al Par 3, Sam tenía siete años; Charlie, seis. Me alegré de haberlo hecho.

A lo largo de los años, el Par 3 se ha convertido en un torneo familiar en el que los hijos, los nietos, las esposas y otros miembros de la familia hacen de *caddie*. Cuando empecé a jugarlo, se cruzaban muchas apuestas. Se jugaba con los amigos, habitualmente por grandes cantidades. En los vestuarios se intercambiaban importantes sumas de dinero. Sigue haciéndose, aunque no a semejante escala, pues suele haber muchos niños rondando por allí.

En 1997, jugué el Par 3 con Tom Kite y, por suerte, no gané. Eran nueve hoyos encantadores alrededor de dos estanques. Habían cortado muchas de las pendientes cercanas a los diminutos *greens*, como el campo. Si la bola no caía en el *green*, rodaba hacia el agua.

El campo del Par 3 del Augusta no ha cambiado desde

que jugué en él por primera vez. Los hoyos están a la misma distancia, de sesenta a ciento veinte metros. Quizá sirve para aprender una lección: en el golf hay más cosas que la distancia. No cabe duda de que es un recorrido pensado para pasarlo bien y no un campo de competición. Pero cuando pienso en los mejores hoyos del golf, muchos tienen un par de menos de 3. El séptimo en Pebble Beach apenas está a noventa metros y es uno de los hoyos más divertidos y desafiantes que conozco. A los profesionales de los circuitos no les gusta tener que hacer medios golpes, pero eso es lo que se hace en la mayoría de los hoyos del Par 3.

También está el duodécimo hoyo del Augusta, con par 3 y ciento cuarenta metros. Es uno de los pocos que no ha cambiado desde que jugué el Masters de 1997. Si quería tener la oportunidad de ganar el Masters, debía hacer ese hoyo sin cometer errores. El arroyo Rae enfrente; las pendientes que envían al agua las bolas que se han lanzado cortas; los búnkeres delante y detrás, y el *green* trazado de detrás hacia adelante.

Hay muchos factores que hacen que el duodécimo hoyo sea uno de los más excepcionales del golf. Tiene un emplazamiento perfecto, en un rincón del campo, por una razón: el viento llega desde el hoyo undécimo, en la misma dirección; y desde el decimotercero, en dirección contraria. Esos vientos parecen converger en el duodécimo. Al mismo tiempo, está lo suficientemente inclinado, lo que lo hace todo más complicado. Solía decirse que el mejor momento para hacer el *tee* de salida era cuando las banderas del undécimo y duodécimo hoyos ondeaban a la vez, aunque descubrí que no era verdad, porque el viento del duodécimo sigue haciendo estragos en la pelota. Hay que confiar en el golpe y esperar lo mejor.

Otro factor que se debe tener en cuenta es que la distancia respecto al *green* cambia de la izquierda a la parte trasera derecha. Si no estuviera inclinado, continuaría siendo un hoyo visualmente extraordinario, porque tiene el arroyo Rae delante; árboles y flores, como telón de fondo; y la resplandeciente arena blanca del búnker delantero y trasero. Aun así, el hoyo sería sencillo si no estuviera inclinado.

Finalmente llegó el día de la primera ronda. Mi hora de salida eran las 13.44, con Nick Faldo. Steve Stricker y Paul Stankowski formaban la pareja que iba delante de nosotros. Ollie y Marko irían detrás. Era momento de empezar.

6

Jueves, 10 de abril de 1997

Nunca habría pensado que haría 40 en los primeros nueve hoyos de la primera ronda, pero los hice. El entrenamiento había ido bien, mi padre me había aconsejado sobre los *putts* el miércoles por la noche e hice un buen calentamiento antes de que todo empezara. Mi rutina había sido la habitual. Había corrido por la mañana y había estado en el *green* de prácticas una hora y veinte minutos antes de comenzar la ronda para hacer *putts* durante unos veinte minutos. Practiqué el ejercicio con dos *tees* que había utilizado desde que tenía ocho años. Ponía un *tee* en el tacón y otro en la punta de la cabeza del *putter*, con la bola ligeramente adelantada. El *putter* pasaba justo entre los dos. El ejercicio consistía en no golpear los *tees*. Quería hacer un golpe perfecto, con el centro de la cabeza. No me preocupaba el trayecto del *putter*, solo dónde iba a golpear la bola, sin tocar los *tees*. También practiqué algunos *putts* solo con la mano derecha, porque quería potenciar ese ligero desfase de la cabeza. No hacía *putts* con manos muertas. Siempre había un ligero desfase, un contacto apenas perceptible. Entonces era cuando hacía bien los *putts*. Lo podía sentir.

Después de los *putts*, fui a la zona de juego corto, al

otro lado del campo, junto al del Par 3. Hice golpes bajos de aproximación y algunos en la arena antes de ir al campo de prácticas. Busqué en la bolsa mientras Butchie y Fluff me miraban; volví a la zona de juego corto para dar algunos golpes bajos más. Mientras calentaba no hablamos mucho; cuando lo hicimos, fue para decir lo de siempre: algo de deporte, contar algunos chistes... Quería sentir los golpes antes de que todo empezara. Lancé unas bolas más y el último golpe fue el ensayo con el *driver* del que haría en el *tee* de salida. Al poco tendría que disputar el trofeo. Después fui al *green* para hacer *putts* detrás del primer *tee* y di algunos durante un rato, antes de marchar al *tee* de salida unos minutos antes del comienzo de la ronda. Estaba completamente absorto en el primer golpe. A pesar de que había diez filas de espectadores alrededor del *tee*, que llegaban hasta la sede del club, era como si no hubiera nadie. Estaba concentrado en dónde tenía que colocar la bola y en cómo lo haría para poder preparar el siguiente golpe desde un buen ángulo, ya fuera para ir hacia la bandera o para dar un golpe defensivo. Me sumí en mi mundo.

¿Y qué hice? Lancé un *drive* alto hacia la izquierda que acabó en los árboles, justo el golpe que temía hacer. Quizá no debería de haberme sorprendido. Butchie y yo habíamos notado que, aunque lo preparara, a menudo hacía un mal golpe al empezar. A veces estaba demasiado excitado al comienzo de una ronda. Era como si necesitara quitarme el primer golpe de encima antes de calmarme y entrar en el ritmo de la ronda.

Desde los árboles no tenía ángulo para llegar al *green*, pero conseguí lanzar la bola al búnker que había a la izquierda del *green* con el segundo golpe. No podía dar un golpe de recuperación y empecé el Masters con un *bogey*. Aquello me alarmó ligeramente, aunque no había por qué preocuparse. Pero la situación no mejoró, sino que se complicó. Empecé a enfadarme y a indignarme conmigo mismo. ¿Qué estaba pasando? Hice *bogey* en el cuarto hoyo cuando lancé una bola tan a la derecha del *green* que casi aterriza en el bambú. No creo que la gente supiera que allí había bambú, a cuarenta metros del objetivo. También había una palmera, al parecer la única del campo. Saqué la bola, hice *bogey* y me puse dos sobre par. Así, sin más. Después, en el octavo hoyo, con par 5, empecé a descomponerme. Volví a hacer el *tee* de salida muy a la izquierda y hacia los árboles. Puse los pies como pude en una incómoda posición alrededor de la pelota, que estaba sobre agujas de pino. Con el hierro seis llegué hasta la calle y con el cuatro lancé más allá del *green*: mi tercer *bogey*. El lanzamiento desde el *tee* en el noveno hoyo fue precipitado y con efecto hacia dentro: acabó en los árboles. Otro *bogey*. «Así es como se hace 40 en los primeros nueve hoyos del Augusta», pensé.

Mientras caminaba del noveno *green* al décimo *tee* me rodeaban media docena de guardias de seguridad de Pinkerton. Notaba todas las miradas fijas en mí. Era vagamente consciente de que algunos espectadores decían que ya no tenía nada que hacer en el torneo. En esa ocasión me ayudó la experiencia militar de mi padre. Me había enseñado a ser plenamente consciente de lo que me rodeaba, al tiempo que mantenía la concentración en lo que estuviera haciendo. En el noveno *green* me había percatado perfectamente de todo lo que había a mi alrededor, pero mientras iba al décimo *tee* decidí no prestar atención a nadie. ¿Para qué?

Fluff me recordó que solo había jugado nueve hoyos; que había tiempo para darle la vuelta a la situación, pero que teníamos mucho que hacer. A pesar de que su seguridad me tranquilizó, estaba demasiado metido en mí mismo, intentando entender qué había salido mal. Me di cuenta de que mi *backswing* había sido demasiado largo, pero no quería forzar el *swing*. Me centré en cómo quería sentirlo en los otros nueve hoyos. Tenía que ser como cuando había hecho 59 con Marko la semana anterior en Isleworth. No era la primera vez que tenía que echar mano de toda mi fuerza mental. Intenté utilizar los recuerdos de haber estado por debajo en los partidos finales del U. S. Junior y del U. S. Amateur que había ganado; intenté recordar los sentimientos que había tenido mientras hacía 60 en Isleworth. Necesitaba recuperar la fuerza mental que había desarrollado gracias a los consejos de mis padres y que se convirtiera en un *swing* mejor.

El entrenamiento mental al que me había sometido mi padre dio sus frutos en el corto trayecto del noveno *green* al décimo *tee*. Y, sobre todo, por cómo jugué en los últimos nueve hoyos. Me había entrenado para ser lo que él describía como un «despiadado asesino» en el campo y para poner en práctica los principios que había aprendido y utilizado en el ejército. Necesitaba ese entrenamiento si quería ser capaz de sobrellevar la vida de un jugador profesional, la de la «esperanza negra» del golf, la de alguien que había ganado torneos siendo *amateur* y del que se esperaban grandes cosas. De hecho, yo también esperaba eso de mí mismo; las expectativas de los demás no superaban las mías. Quizá sonaba arrogante decir que iba a todos los torneos para ganar, pero es que eso era lo que sentía. Así pues, ¿para qué fingir lo contrario?

Desde muy joven quise ser tan tenaz como pudiera.

Cuando tenía unos once años, le pedí a mi padre que me ayudara a conseguirlo. Como era pequeño y flaco, pensaba que necesitaba tener ventaja en otros aspectos. La única forma de derrotar a otros jugadores cuando era juvenil, incluso en mi categoría (donde podía haber chicos unos años mayores que yo) era no cometer nunca un error mental y ser más duro que ellos. Así que le dije a mi padre que debía convertirme en alguien duro por dentro. Entonces es cuando empezó a utilizar lo que llamaba técnicas de «guerra psicológica» y de «prisionero de guerra» conmigo.

Solía exigirme hasta un punto en el que empezaba a no confiar en mí mismo. Intentaba hacer que me sintiera inseguro. Más adelante me enteré de que había quien pensaba que lo hacía sin mi permiso, pero no es verdad. Necesitaba que me exigiera hasta el punto de no querer continuar, pues tenía que aprender a abortar todo sentimiento de inseguridad. Acordamos una palabra clave para cuando creyera que ya no podía soportarlo más. Pero nunca la utilicé. No iba a rendirme. Tampoco ante él. Tenía que descubrir cómo superarlo. Si utilizaba la palabra clave, estaría claudicando. Y eso es algo que no hago jamás. Así es como me veía. Empezaba a imaginar dónde quería llegar en el golf, pero también sabía que siendo medio negro era mejor que no me afectaran los insultos, por ejemplo.

Sabía que eran solo palabras y que yo no podía controlar lo que dijeran los demás. Pero sí que podía controlar cómo reaccionar ante ello. Tenía que resolverlo por mi cuenta, con la ayuda de mi padre. Lo hacía en una forma que otras personas pensaban que resultaba hiriente. Sin embargo, quería sentir ese dolor para superarlo con el golf. Mi padre me enseñó cómo sentirlo sin que afectara a mi juego. Las enseñanzas budistas de mi madre me ayudaron a no dejar que me afectaran los insultos. Siempre me recomendaba poner la otra mejilla y dejar que los palos de golf hablaran por mí.

Pensaba que las personas que decían cosas desagradables estaban locas. ¿Por qué lo hacían? ¿Creían que me iba a afectar? No iban a conseguirlo. Había estado oyendo cosas en los torneos desde que tenía siete u ocho años. La gente me las decía entre el *green* y el *tee,* cuando podían estar cerca. Lo veía, pero no lo veía. Lo oía, pero no lo oía.

A propósito, mi padre soltaba muchos juramentos cuando entrenaba: «¡Vete a la mierda, Tiger!», decía a veces. A mí no me importaba e incluso animaba sus palabrotas, que me parecían poesía. Nunca se repetía. Era muy bueno y utilizaba todo lo que podía. Era buen material. Al final, hasta me hacía reír: Decía «¡Hijo puta!», «¡Cacho mierda!» o «¿Qué se siente siendo un negrata?». Esas cosas. No pasaba nada. Me lo decían mientras crecí. Lo oía en el colegio y en los torneos. También sabía lo que era sentirse un marginado.

Cierto día, mi madre me dio dinero para comprarme un refresco en un club, pero no me sirvieron. No podía cambiarme en algunos vestuarios porque mi piel era más oscura que la de otros niños. No me permitían entrar en sus vestuarios, lo que no dejaba de ser parecido a lo que experimentó mi padre cuando no podía comer en los mismos restaurantes o alojarse en los mismos hoteles que sus compañeros de equipo cuando jugaba al baloncesto en la Universidad Estatal de Kansas. Me había contado todas esas historias. Al endurecerme, me estaba preparando para lo que creía que encontraría. Estaba creciendo en un entorno mucho más cordial e integrador que el que había sufrido en sus tiempos. Le tocó vivir todo el movimiento por los derechos civiles y sabía lo que era. Me lo contó todo, tal como hizo Charlie Sifford cuando lo conocí en Akrom, Ohio, donde vivía, poco después de convertirme en profesional y cuando empecé a pensar en él como «el abuelo Charlie».

Sin embargo, por mucho que el racismo hubiera ido menguando con los años, seguía sintiéndome excluido cuando entraba en algunos clubes de campo o en ciertos restaurantes. No estoy comparando mi experiencia con la que vivieron mi padre, el abuelo Charlie y otros jugadores negros pioneros como Ted Rhodes y Lee Elder. Para nada. Pero algo desagradable flotaba en el ambiente y mi padre quería asegurarse de que eso no me iba a afectar.

A veces hablaba de lo que llamaba «la mirada», que se podía comparar con la que se recibe cuando alguien entra en una cárcel y todo el mundo lo mira, o a cómo podían mirar a un blanco en un país africano solo por ser la única persona que no era negra. En algunos clubes me sentí igual que ellos. Pero nadie podía impedir que jugara en esos clubes. Iba a continuar jugando al golf. El golf no tiene barreras de color en lo que respecta a puntuar, ganar o perder. Nada depende de un jurado. El que menos golpes hace gana. Y eso lo controlaba a la perfección.

El abuelo Charlie había tirado por tierra la cláusula «solo caucásicos» en la constitución de la PGA. Aquello sucedió en 1961, cuando tenía treinta y nueve años. Había leído su autobiografía, *Just Let Me Play*, y me horrorizó lo que tuvo que soportar. Me contó cómo había sido. A pesar de la exclusión y de los insultos que había recibido, me alegré de no haber tenido que enfrentarme al nivel de racismo que sufrieron Charlie y mi padre. Lo que habían soportado debió de requerir una fuerza interna casi sobrehumana.

El entrenamiento psicológico que utilizó mi padre

me acostumbró a todo lo que podría tener que soportar en el golf. Lo más importante que aprendí fue que cualquiera podía decir lo que quisiese, pero, en última instancia, yo era el que controlaba mi reacción. En los deportes de equipo, si un entrenador no quiere que juegues, no juegas. Mi deporte, por suerte para mí, se basa en la actuación individual. Es lo que le pasó a Jesse Owens cuando ganó cuatro medallas de oro en atletismo en los Juegos Olímpicos de Berlín de 1936. Si corría más rápido o saltaba más lejos que los demás (una de las medallas que consiguió fue en salto de longitud) ganaría. Su deporte, como el mío, tiene registros absolutos. Y, en el fondo, se puede decir que los deportes son daltónicos: no distinguen bien los colores. Interioricé ese sentimiento desde muy joven, algo que ha resultado fundamental en mi carrera.

Necesitaba la actitud de mi padre y funcionó. Quizás ahora lo llamarían algo así como «amor duro». Fue muy útil para transformarme en el jugador en el que me estaba convirtiendo como juvenil y *amateur*, cuando me hice profesional después y, sobre todo, cuando recorrí ese corto tramo entre el noveno *green* y el décimo *tee* después de haber hecho 40. Entonces no se me pasó nada de todo esto por la cabeza. Sin embargo, durante mucho tiempo pensé que, si mi padre no me hubiera entrenado como lo hizo, seguramente me habría hundido por cómo había empezado el Masters. Me habría dejado dominar por el pánico y quién sabe lo que me habría pasado por la mente cuando me acercaba al décimo *tee* y a lo que sería el golpe más importante de mi corta carrera profesional.

Mi padre siempre me dijo que era importante que supiera por lo que había pasado. Para él era lo normal; para mí, «la mirada» a la que me acostumbré. Eso no era nada nuevo. Tuve suerte de tener el golf. Ante esa mirada, esgrimía mi silencio y la fuerza de mi juego. Mi madre me dijo muchas veces que eso es lo que tenía que hacer. Me enseñó a interiorizar lo que estaba sintiendo y a encontrar paz en mi interior. Esa calma llegaba sobre todo cuando estaba en el campo y en torneos en los que iba subiendo peldaños, en el PGA Tour… Allí me sentía como en casa, en mi elemento. En el campo de golf, me resultaba sencillo erigir muros a mi alrededor.

Mi madre me enseñó cómo entrar en un estado de tranquilidad. En mi primer año en Stanford fui a un curso de iniciación al budismo, pero gracias a mi madre ya sabía gran parte de lo que enseñaban. Habíamos viajado juntos a Tailandia tres veces. La última vez había sido en febrero de 1997, para jugar el Asian Honda Classic en Bangkok, que gané por diez golpes. Mis amigos Jerry y Mikey vinieron con nosotros; Marko también compitió en ese torneo.

Mi madre me llevó por primera vez cuando tenía nueve años; después, a los dieciocho. Para los dos era importante que conociera a mi familia de allí y que descubriera la cultura tailandesa. En la primera visita conocí al padre y al abuelo de mi madre. Mi abuelo me regaló el buda que lleva muchísimos años en mi oficina. Murió cuando yo aún estaba en el instituto. En casa íbamos todos los años al templo budista local el día de mi cumpleaños (o cuando me lo permitían mis compromisos). Hemos seguido yendo a lo largo del tiempo. Allí es donde aprendí a meditar.

Después del noveno hoyo necesitaba encontrar lo que mi madre llama el «lugar tranquilo». En aquel trayecto del *green* al *tee*, apareció automáticamente. Se había convertido en parte de mí. Sentí la sangre fría, tal como lo llamaba mi padre. Podría haberme desmoronado, pero, en vez de ello, sentí que controlaba la situación.

Solo había unos metros de distancia, pero conseguí mucho en ellos. Estaba listo para jugar los otros nueve hoyos. Me sentí centrado como nunca antes. En mi interior, hallé la serenidad. Mucho después, siempre que recuerdo cuánto había cambiado mi estado anímico en ese corto recorrido, siento una inmensa gratitud hacia mis padres.

Tras los primeros nueve hoyos, hubo otro elemento que intervino en mi juego mental. Butchie me recalcó que el último golpe no tiene nada que ver con el siguiente. Que hubiera dado un mal golpe no significaba que fuera a repetirlo. Que hubiera hecho 40 no implicaba que fuera a jugar mal en los otros nueve hoyos. Cuando hacía un mal golpe, solía enfadarme y a veces mitigaba la rabia soltando algún taco. Mi padre siempre me insistía en que sacara fuera esas sensaciones. Si me mosqueaba por un mal golpe, Butchie y él me recomendaban que no lo guardara dentro y que luego me olvidara de él. Era la forma de tener la mente despejada para el siguiente golpe. De no haberlo hecho, estoy seguro de que aquella rabia se hubiera podrido en mi interior. Al librarme de ella, se disipaba, me calmaba y podía encontrar el lugar tranquilo.

Todo eso me permitió subir al décimo *tee* en un calmado pero resuelto estado de ánimo. Lo había olvidado todo, excepto que había hecho 40. Tenía por delante un nuevo partido y golpeé el hierro dos en la calle diez. En ese momento, sentí algo. Esa sensación produjo lo que quería hacer con la bola y me dije que tenía que seguir adelante. Había sido la misma que había tenido la semana anterior y durante la mayoría de los entrenamientos antes de la ronda inicial, aunque a veces seguía sin poder evitar que las caderas se adelantaran a los brazos. Sin embargo, con esa sensación noté una corrección automática. Confié en ella en los nueve hoyos restantes.

Después de los primeros nueve hoyos, me dije que tenía que hacer *birdie* en los dos siguientes par 5. Imaginé que, por la forma en que estaba conduciendo la bola, podía utilizar dos *wedges* en los par 4. Si hacía *birdie* en dos de ellos, habría conseguido cuatro *birdies* en los últimos nueve hoyos y me pondría en el par del campo. Con aquello tendría el liderazgo al alcance de la mano. No me habría eliminado a mí mismo en el torneo. Lo único que necesitaba era controlar los par 5 y hacer otros dos *birdies* para volver a comenzar con buen pie. Me recordaba una y otra vez que no era tan difícil. Recuerdo decirle a Fluff que ese era el objetivo. Después tuve una buena racha y empecé a golpear la pelota como antes del Masters. También hacía *putts* como los de Isleworth y mejoré incluso los de los nueve primeros hoyos, que no me habían salido tan mal.

Estaba motivado. Después de conseguir un *birdie* en el décimo, hice par en el undécimo, di un golpe de aproximación desde detrás del *green* en el duodécimo y conseguí hacer otro *birdie*. En el decimotercero lancé con un hierro seis: era el primero de los dos hoyos con par 5 en los que quería hacer un *birdie*. Dos *putts* después lo conseguí y solo estaba uno sobre par. Y el decimoquinto hoyo también era un par 5.

Tras hacer par en el decimocuarto, Nick y yo llegamos al *tee* del decimoquinto, pero tuvimos que esperar unos minutos para que Paul Stankowski y Steve Stricker hicieran sus segundos golpes. Marko y Ollie llegaron al *tee* mientras esperábamos. Estaba en un banco, con Mo al lado. Había prestado atención a cómo había jugado y no parecía impresionado. Durante esa pausa me preguntó qué estaba pasando. Le contesté con una palabra: «Nada». Insistió y dijo que lo único que tenía que hacer era pensar que estaba jugando con él, como en Isleworth la semana anterior. No entendía que estuviera sobre par de la forma en que estaba jugando. Me estaba picando, pero no me importó. Yo también me había preguntado lo mismo mientras jugaba los nueve primeros hoyos.

Finalmente, llegó nuestro turno. Golpeé el *drive* exactamente hacia donde Butchie y yo habíamos planeado, para aprovechar el resalto que había en la parte derecha de la calle. El decimoquinto hoyo estaba a casi quinientos metros. Me quedé a ciento cuarenta y golpeé con un *wedge* desde allí. Dejé la bola a un metro para hacer un *eagle*: emboqué. En seis hoyos había pasado de ir cuatro sobre par a estar uno bajo par. Me sentía bien con todos los aspectos de mi juego. Después de otro *drive* largo en el decimoséptimo, me quedé a ochenta metros de la bandera; tal como he mencionado anteriormente, di un golpe con el *wedge* de sesenta grados que dejó la bola a cuatro metros: emboqué. Estaba dos bajo par. El *drive* del decimoctavo se quedó a casi noventa metros del hoyo. El *putt* de *birdie* para acabar con 29 en los últimos nueve hoyos pasó rozando el borde derecho del hoyo. Pero 30 estaba bien.

Me ocupé de mis obligaciones con los medios de comunicación y después fui al campo de prácticas con Butchie para trabajar en la sensación que había tenido desde el décimo *tee* hasta completar los nueve últimos hoyos. De camino a casa, Jerry y Mikey tenían hambre y decidieron parar en Arby's. Compramos algo para comer en el autoservicio y reanudamos la marcha. No sabía que aquello se convertiría en un ritual nocturno durante el resto de la semana. Mis amigos eran supersticiosos. Mientras jugara bien, seguiríamos parando en Arby's. No me negué.

7

Viernes, 11 de abril de 1997

El viernes, Paul Azinger y yo subimos juntos la decimoséptima calle a última hora de la tarde. La segunda ronda casi había acabado e íbamos charlando. Paul estaba en el par de la ronda y tres bajo par en el trofeo; yo andaba seis bajo par en el día y ocho bajo par en los treinta y cuatro hoyos que había jugado. Lideraba el Masters y había jugado bien la segunda ronda. Estaba muy concentrado y daba golpes contundentes que salían tal como quería. A pesar de que prefería que no me distrajeran (aún quedaba un hoyo y medio por jugar), no había razón para que no pudiéramos hablar entre los golpes.

Los jugadores tienen estilos diferentes, estaba acostumbrado. Nick Faldo y yo no habíamos dicho ni una palabra durante la primera ronda, lo que me pareció bien. Prefería estar encerrado en sí mismo todo el tiempo. Respetaba su postura. Nos llevábamos bien. Nos dimos la mano en el decimoctavo hoyo: esa fue toda nuestra interacción.

Por el contrario, a Paul le gustaba hablar. Nos decíamos los habituales: «buen golpe, excelente juego» y ese tipo de comentarios, pero también hablábamos mientras íbamos andando para hacer los golpes. Seguro que el público se preguntaba cuál era nuestro tema de conversación. Pues bien, por sorprendente que parezca, estábamos jugando la segunda ronda de uno de los grandes y hablábamos de posturas. Las rondas duraban cuatro horas como mínimo, como suele suceder en los torneos, y me alegraba poder hablar de todo un poco. Fluff y yo lo hacíamos sobre deportes: principalmente, béisbol, baloncesto, fútbol americano durante la temporada (soy aficionado al L. A. Dodgers, L. A. Lakers y Oakland Raiders) y *hockey*, su deporte favorito. También tenía un buen repertorio de chistes y un imperecedero cariño por los Grateful Dead. A mí no me gustaban ni los Rolling Stones. Fui a un concierto, oí un par de canciones y no me engancharon. Prefiero mil veces el *hip-hop*.

Comparado con los deportes más populares (como el béisbol, el fútbol americano, el baloncesto y el *hockey*), una ronda de golf dura mucho tiempo. De acuerdo, esos deportes se alargan por los obligatorios anuncios de televisión, pero lo único que haría que uno de sus partidos durara cuatro horas sería entradas extra o prórrogas.

A pesar de que llevaba jugando torneos mucho tiempo, en ocasiones seguía sintiéndome agotado mentalmente, no tanto físicamente. El tiempo que se tarda en disputar una ronda en un torneo es uno de los desafíos del golf. Y yo lo agradecía. Me esforzaba al máximo desde el primer golpe hasta el último *putt*, por lo que no era de extrañar que acabara extenuado. Para mí no era un problema, podía esforzarme durante las cuatro o probablemente cinco horas que duraba una ronda. Habría sido una locura no adaptarme a la duración del juego.

El Masters no está pensado para ser rápido, sino para poner a prueba la determinación y la resistencia tanto como el talento físico, seguramente más. Mi meta era dar todo lo que tenía mientras estaba en el campo, durante ese periodo de cuatro o cinco horas. Tenía diecinueve horas para recuperarme del cansancio mental. Si no soportaba el esfuerzo, mejor habría sido no hacerme profesional.

Paul y yo habíamos completado una buena ronda, aunque la mía no había empezado de forma prometedora. Tras hacer par en el primer hoyo y un largo *drive* hasta una buena posición en el segundo, lancé la bola hasta el público con un hierro seis y después hice un *pitch* que no llegó al *green*. Pero todo se arregló rápidamente cuando hice una aproximación y emboqué. Era mi segundo par en nueve hoyos y pensé que quizá fuera una buena señal. Pero quizá no lo fue. Golpeé un *driver* en el tercer hoyo, con par 4, uno de mis hoyos favoritos del Augusta (en realidad, de cualquier otro campo).

Era como el décimo en el Riviera de Los Ángeles. Si se daba un golpe perfecto, se podía llegar al *green* con un *drive*. Pero si no lo conseguías o intentabas hacerte el listo en el segundo golpe, podías quedarte corto o, fácilmente, pasarte el *green* y enfrentarte a un golpe de recuperación casi imposible. El *green* del Riviera es pequeño y está en ángulo con el *drive*. El tercer *green* del Augusta también es pequeño y está protegido por marcadas pendientes. El contorno del *green* basta para ponerte nervioso, pues hay muchas serpenteantes ondulaciones que tener en cuenta. Me habían hablado y había visto bolas que habían salido hacia todas partes. Se podía hacer tanto *birdie* o *eagle*, como *bogey* o doble *bogey*. Era un hoyo difícil, a pesar de estar solo a poco más de trescientos metros.

Mi plan al utilizar el *driver* era que la bola rodara en

el *green*. Si fallaba, quería que se quedara en una zona plana, a la derecha. El *drive* llegó a esa zona junto al *green*, que me hubiera proporcionado un golpe sencillo de aproximación si la pelota se hubiera parado. Pero cayó por la pendiente. Tenía que subirla con un *pitch* más allá de la pendiente o volvería rodando hacia mí. Golpeé con fuerza para salvar la pendiente, pero en ese ángulo el *green* se pierde de vista y le di con tanta fuerza y velocidad que no conseguí que la bola se quedara en el *green*. Intenté un golpe de aproximación a dos metros —la bola no dejaba de rodar— y fallé el *putt* para hacer par. Había hecho *bogey* en un hoyo al que casi había llegado con el *driver*.

Era culpa mía y recurrí a esos diez segundos que mi padre me había enseñado a utilizar. Dejé escapar la rabia y me preparé para el cuarto hoyo, con par 3, en el que hice par con un buen golpe hasta el *green* y dos *putts*. Había vuelto al estado «obsesionado con el próximo golpe» (sentir el *swing*, concentrarse en el objetivo) y lo demostré cuando lancé un fuerte *drive* en el quinto hoyo y utilicé un *sand wedge* para dejar la bola a medio metro: *birdie*.

A partir de ahí, la ronda fue bien y sentí que entraba en una racha de muchos golpes buenos y no demasiados que pudieran perjudicarme. En el octavo, en el que jugaba en la dirección del viento, un largo *drive* me permitió golpear con un hierro cuatro hasta el *green*, en el que hice dos *putts*: un *birdie* a diez metros. El noveno me costó, pero lo superé con un *drive* al que le di un brusco efecto hacia dentro que acabó en los árboles; desde allí, volví a dar un efecto intencionado hacia dentro con un hierro siete hacia el *green*. No tomó la dirección deseada y aterrizó entre el público que había a la derecha del *green*.

Tuve suerte de que muchos espectadores del Augusta se sentaban en sus sillas al comienzo de una ronda y nunca se las llevaban si querían ver jugar en otros hoyos. En el Augusta, la gente es tan educada que jamás se sentaría en una silla que no fuera suya. Si lo hicieran, seguramente les quitarían las insignias del Masters. Y son tan difíciles de conseguir que nadie quiere que le pase algo así. Al mismo tiempo, la mayoría de los espectadores se quedan en el hoyo que han elegido. A diferencia de otros torneos, el Masters proporciona a los jugadores un muro de personas que a veces se utiliza como valla de fondo.

Los espectadores que estaban sentados a la derecha del noveno *green* me dieron una barrera en el segundo golpe. La bola salió con demasiada velocidad de los árboles y quién sabe dónde habría acabado si no hubiera habido nadie allí. Rebotó en alguien que estaba sentado y acabó cerca del *green*. Hice par desde allí y me puse dos bajo par en la ronda. En el torneo, estaba cuatro bajo par, y eso después de haber estado cuatro sobre par en los nueve primeros hoyos.

Mi ronda empezó a despegar realmente cuando comencé los últimos nueve hoyos haciendo par en los tres primeros. En el decimotercer *tee* utilicé una madera tres y después un hierro ocho para llegar al *green*. En ese segundo golpe lancé a ciento cincuenta metros. Exprimí ese hierro ocho hacia la derecha. Aquello metió al arroyo en el juego, pero mi *swing* era como el que había hecho cuando había golpeado el hierro dos en el décimo hoyo el jueves para darle la vuelta a la ronda. Estaba seguro de que podría dar efecto a la bola para salvar el arroyo, convencido de que, si le daba demasiado efecto, no pasaría nada. Sabía que tendría que golpear con fuerza el hierro ocho. Y eso es lo que hice. Me sentí bien. El golpe acabó seis metros detrás del hoyo. Tenía la bandera enfrente.

Conocía ese *putt,* no porque lo hubiera hecho en las rondas de entrenamiento o en el Masters, sino porque meses antes lo había visto en los estudios del Golf Channel en Orlando. Vi cómo se curvaban todos los *putts*. El resto de los golpes no me interesaban y simplemente pasaba los vídeos hasta llegar a los *putts*. Al ver el *putt* con el que había hecho *eagle* en el decimotercer hoyo, me di cuenta de que no le había dado tanta curva como pensaba. El *putt* se enderezó en el hoyo. Casi fue a la derecha, hacia arriba. Cualquiera percibiría el golpe subiendo la pendiente, que acababa nivelada a la derecha. Pero había visto el *putt* y había interpretado que el *green* se allanaba cerca del hoyo. Le di menos curva de la debida porque había visto el *putt* en un vídeo. Hice un *eagle* y me puse en cabeza por primera vez. Fue gratificante ver que ese *putt* salió tal como esperaba. Siempre he estado muy agradecido a Golf Channel por dejarme utilizar su videoteca. Sin duda, influyó en ese *putt*.

Estaba lanzado. Golpeé con una madera tres y después con un *sand wedge* en el decimocuarto: dejé la bola treinta centímetros a la izquierda de la bandera de aquel difícil y confuso *green*. Hice *birdie*. El *drive* en el decimoquinto volvió a aprovechar el tramo rápido y se quedó a poca distancia del cruce, a más de trescientos metros. Llegué al *green* con un *wedge* y volví a hacer *birdie*. En el decimotercero, decimocuarto y decimoquinto hoyo me puse cuatro bajo par. En la mayoría de los hoyos con par 4 utilizaba hierros cortos; y hierros cortos e incluso *wedges* en los hoyos con par 5.

Nicklaus había jugado así cuando ganó cinco de sus seis Masters. Destrozó los hoyos con par 5 e hizo muchos *birdies* en los hoyos con par 4 porque utilizó *wed-*

ges en los *greens*. Leí un artículo en el que, antes de una ronda en el Masters de 1963, alguien le preguntaba a Jack cómo se sentía. Jack tenía veintitrés años y contestó: «Fuerte, joven y malo». ¡Menuda forma de sentirse! Sabía que podía dominar el Augusta si hacía su juego.

Es difícil saber si es mejor lanzar la bola muy lejos y alta para tener un *putt* de *birdie* y no tener que hacer un *putt* a doce metros. Pero Jack también dijo que en el Augusta no había por qué correr riesgos, ya que el campo podía destrozar tu puntuación si se cometían errores en hoyos como en el segundo (lanzando la bola a los árboles) o en el undécimo, duodécimo, decimotercero, decimoquinto y decimosexto (por culpa del agua).

Estudié sus golpes y tuve en cuenta su punto de vista cuando pensé en cómo iba a hacer los míos. Jack había ganado seis Masters, así que no podía tener mejor maestro, aunque no hubiéramos hablado mucho sobre cómo jugó. Sin embargo, en una ronda en 1996 (y después viendo los vídeos de los Masters que ganó), su enfoque me quedó claro. Otra cosa que aprendí de él es que nunca es buena idea quejarse de los campos. Se dice que una vez que Jack estaba en un vestuario durante uno de los grandes, entraron varios jugadores quejándose del campo y pensó: «Ese está fuera de la lista de posibles ganadores, y ese y ese». Sabía que, si vas a quejarte, no tiene sentido lanzar en un *tee*. El campo no va a cambiar. Has de cambiarlo tú.

En ese sentido, Tom Watson también era un maestro. No le gustaban los campos *links* cuando jugó en ellos, pues no veía la lógica de que en una ronda, con el viento en contra, se lanzara a ciento veinte metros con un hierro cinco y, al día siguiente, con el viento a favor, a doscientos diez con el mismo hierro. Tampoco le gustaba que la bola rebotara en todas partes o que soliera caer en lo que se conoce como la «colección» o «reunión» de búnkeres. Pero no le costó mucho entender cómo se jugaba en los campos *links* y ganó cinco Open. Una mala actitud hacia un campo no lleva a ninguna parte. Es mejor no jugar. Pero una actitud en la que se acepta el desafío, te pone por delante de los jugadores que no la tienen.

En cuanto a Jack, me enteré de que mientras yo estaba jugando dijo que había convertido el campo en «nada» debido a la distancia que alcanzaba. Ese generoso comentario fue muy amable por su parte, pero me quedaba mucho por hacer antes de poder siquiera acercarme a lo que había hecho él en el Masters: lo ganó seis veces entre 1963 y 1986. Eso era mucho tiempo. Yo intentaba ganar mi primer Masters a los veintiún años, dos años antes de la edad que tenía Jack cuando había ganado el primero. Durante su carrera había alcanzado la «cima». Él era la cima. En 1997, cuando competí en el Masters, tenía cincuenta y siete años y todavía seguía jugando bien, a pesar de no estar muy contento consigo mismo en el torneo. Pero, tal como había demostrado en 1986, cuando tenía cuarenta y seis, sabía cómo ganar cuando competía.

Doce años después, en 1998, empató en sexta posición, cuatro golpes por debajo de mi amigo Marko, que ganó el Masters. Finalmente se había llevado uno de los grandes. Jack nos enseñaba el valor de la experiencia, sobre todo en los grandes. Y quizás más que en ningún otro sitio, en el Augusta. Era como un detective que había resuelto los misterios del campo. Le agradezco mucho todo lo que aprendí de él.

Después estaba Arnold. Tenía sesenta y siete años y jugaba su cuadragésimo tercer Masters consecutivo,

SAM GREENWOOD / GETTY IMAGES

Un *swing* balanceado con el *driver*. Libertad y equilibrio para una combinación efectiva que normalmente produce distancia y exactitud.

Sam Greenwood / Getty Images

Mark O'Meara, mi amigo y mentor, y en 1998, ganador del Masters. Este seguramente fue un gran tiro.

SAM GREENWOOD / GETTY IMAGES

El maestro del juego en corto, José María Olazábal, me enseñó bastantes tiros cuando practicamos juntos.

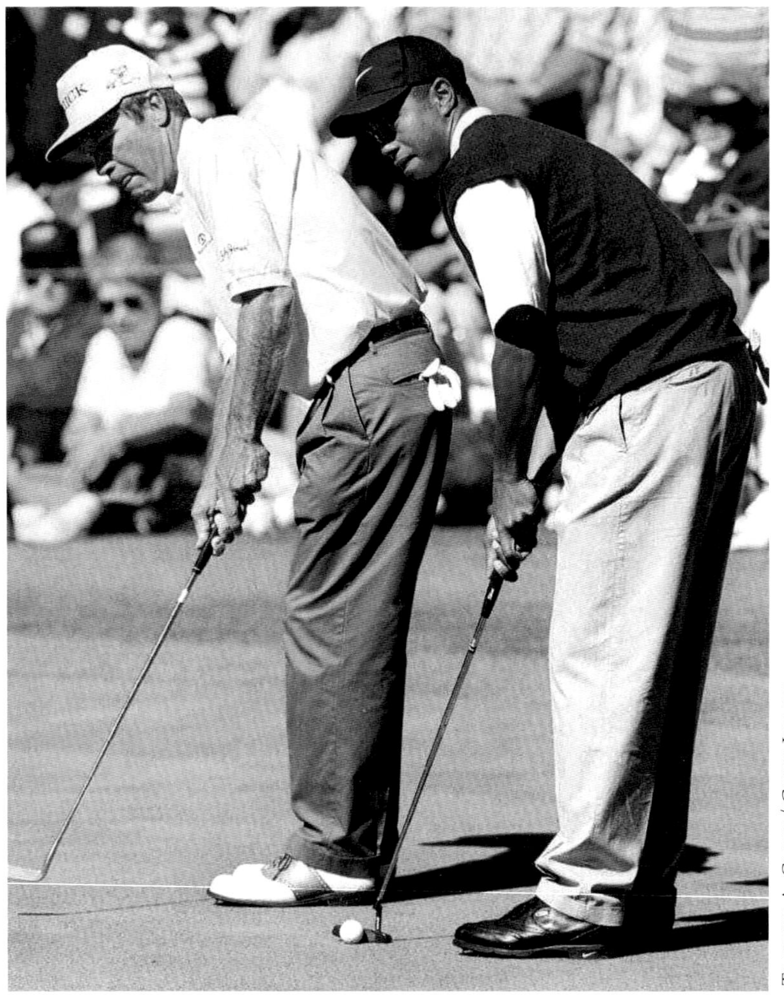

TIMOTHY A. CLARY / GETTY IMAGES

En el *green* con Ben Crenshaw, dos veces ganador del Masters. Nunca vi a alguien sentirse tan cómodo con un *putter* en las manos.

Phil Sheldon / Popperfoto / Getty Images

Saliendo en el hoyo 15 con el *driver* el primer día. El golpe funcionó. Hice *eagle* en este par 5.

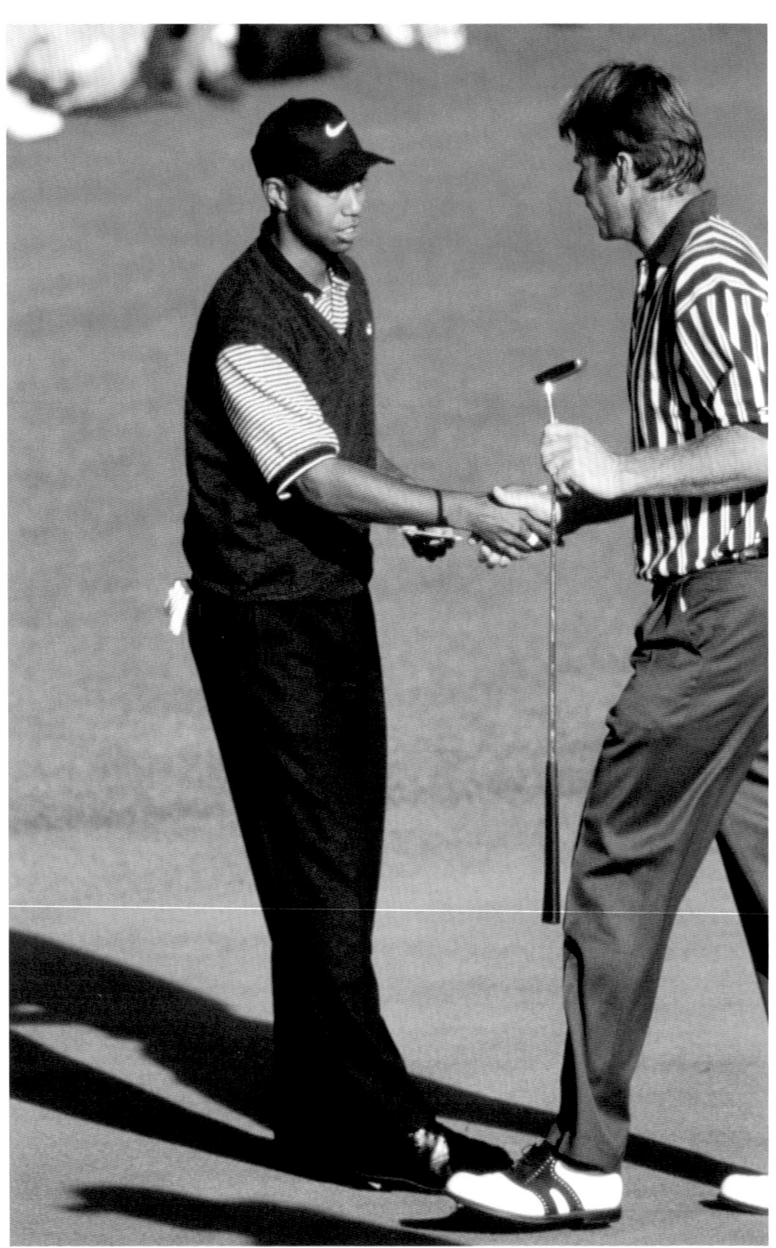

Augusta National Historic Imagery

Nick Faldo, ganador del Masters en 1989, 1990 y 1996, fue uno de los jugadores con mayor control sobre la bola. Un competidor muy intenso con el que apenas hablé durante el primer día del torneo.

AUGUSTA NATIONAL HISTORIC IMAGERY

En el epicentro de la acción con Paul Azinger durante el segundo día. Estaba perdido en mis pensamientos.

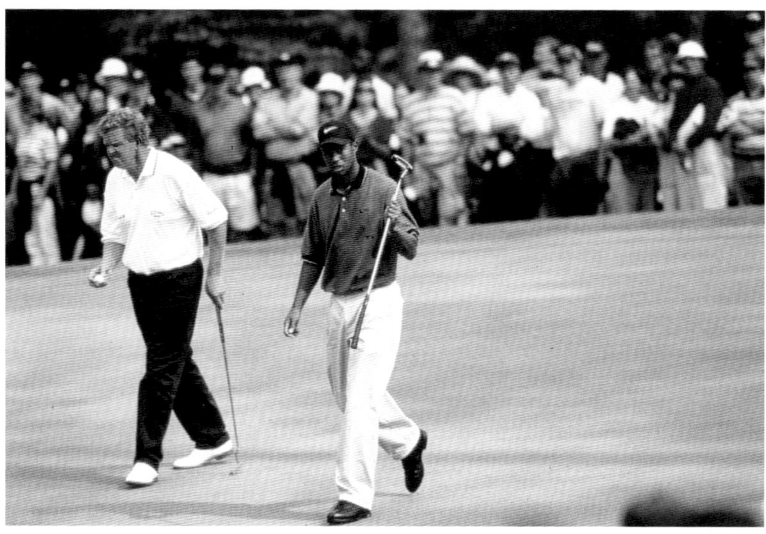

AUGUSTA NATIONAL HISTORIC IMAGERY

Colin Montgomerie, jugador de gran personalidad, y aquí lo demuestra.

Augusta National Historic Imagery

Muchas veces estudio los *putts* en esta posición, la mejor forma de marcar la línea y dejar todo lo demás aparte.

REPLACE DIVOTS SMOOTH TRAPS SCORER — FIX BALL MARKS ON GREENS — ATTESTED — DATE 5-29-82

YARDS	128	135	91	126	125	121	121	140	150	1140	INITIAL	119	103	85	130	85	118	119	136	121	1016	2156	RATING 50.1		
PAR	3	3	3	3	3	3	3	3	3	27		3	3	3	3	3	3	3	3	3	27	54			
STROKE HOLE	5	3	17	7	13	15	11	9	1			10	18	14	2	16	12	6	4	8					
Tiger Woods	2	4	3	4	3	3	4	3	3	29		3	3	1	4	4	3	3	5	3	29	58		(6 | YRS)
Brian Merkna	3	2	3	3	4	3	3	3	3	27		3	3	5	4	3	4	4	3	3	32	59		(14 | YRS)
Joe Marando	4	4	4	4	4	5	4	3	4	36		3	2	4	3	4	5	3	3	4	31	67		15	YRS
HOLE	1	2	3	4	5	6	7	8	9	OUT		10	11	12	13	14	15	16	17	18	IN	TOT	HDC	NET	
Demetri George	5	3	2	3	3	3	3	3	4	29		4	2	4	4	3	4	3	3	4	31	60		15	YRS
Robert Stolar	5	3	4	3	3	2	3	4	4	31		3	4	3	4	3	2	3	3	3	28	59		15	YRS

U.S.G.A.RULES GOVERN ALL PLAY EXCEPT FOR THE FOLLOWING AND POSTED LOCAL RULES. 1. After six strokes, pick up ball, then go to next hole. 2. Players must at all times keep up with the group ahead. 3. Each player must have three clubs including a putter. 4. Play no more than one ball to any green. 5. All water hazards to be played as one stroke penalty. 6. Ball resting on wrong green must not be played on that green, but 20 feet off apron. 7. Ball may be dropped two club lengths away from all protective fences, staked trees or unnatural hazards. No penalty. 8. Players may lay away from fences enclosing course, and driving range, two club lengths-one stroke penalty. 9. High Heels are not permitted on the course. THANK YOU-HAVE A GOOD TIME.

PROFESSIONAL GOLF INSTRUCTION
Ben King - PGA Professional
George Thomsen - Golf Shop Mgr.

LESSONS BY APPOINTMENT
Assistant Professionals
Max Bublitz John Pard
Shop Assistants
Sandy Carpenter Tracy Wilkinson

IN THE GOLF SHOP AT HEARTWELL YOU'LL FIND
Name Brand Golf Clubs New and Used Men's and Ladies'
Free Professional Club Fitting Starter Sets Available
Gifts available for all occassions--Courtesy wrap Gift Certificates

Cortesía de Tida Woods

Mi primer hoyo en uno, cuando tenía seis años. Puede que ese sea el motivo por el que quiero campos cortos para complementar los campos que diseño.

Cortesía de Tida Woods

Los primeros días en el campo con los medios de comunicación.

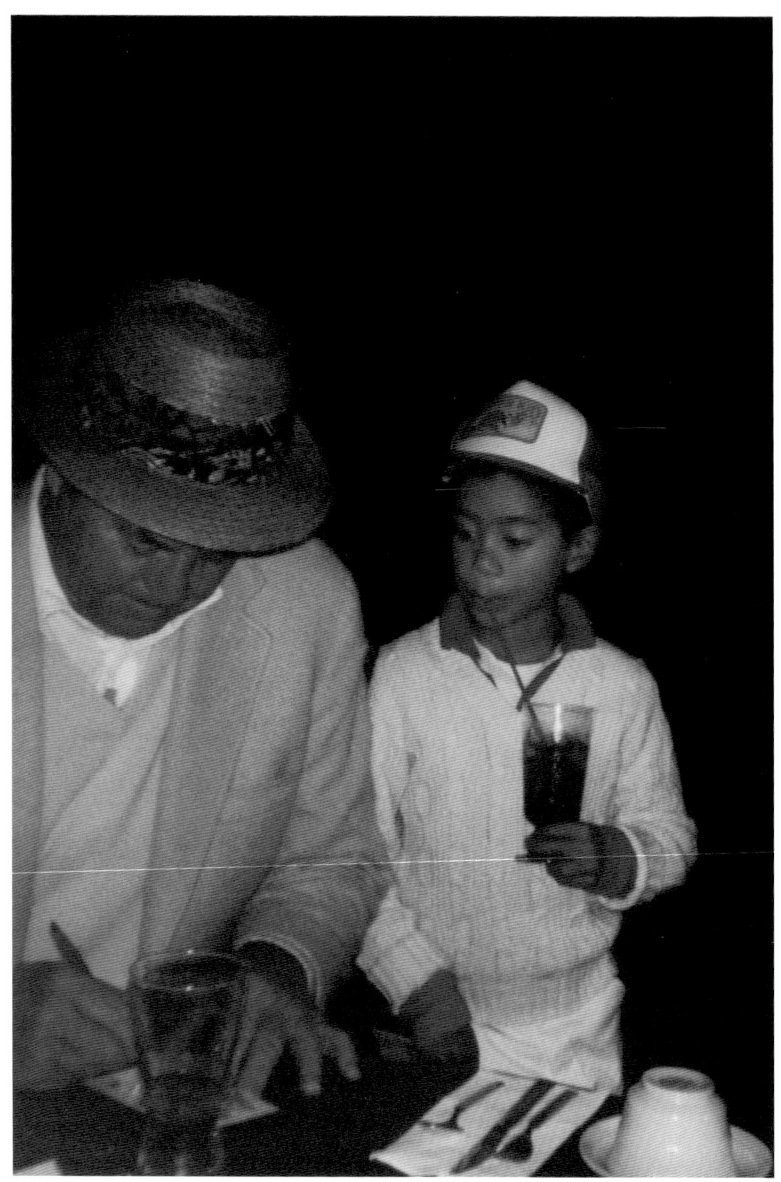

Cortesía de. Tida Woods

El día que conocí a Sam Snead.

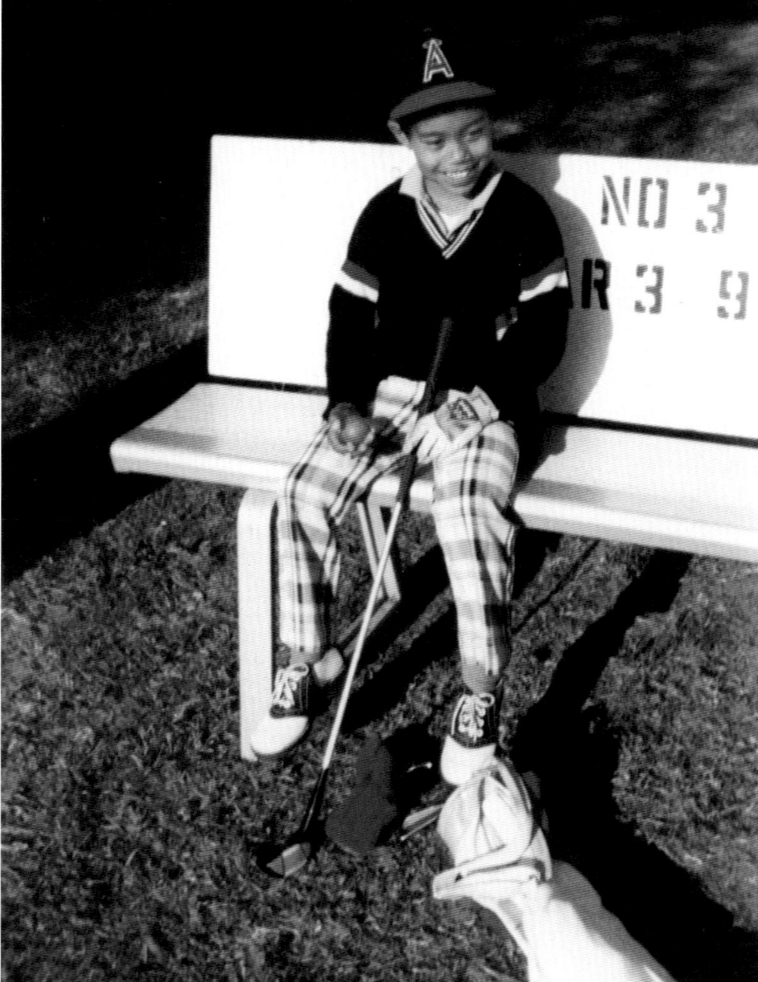

Cortesía de Tida Woods

Incluso un niño necesita un descanso durante la ronda.

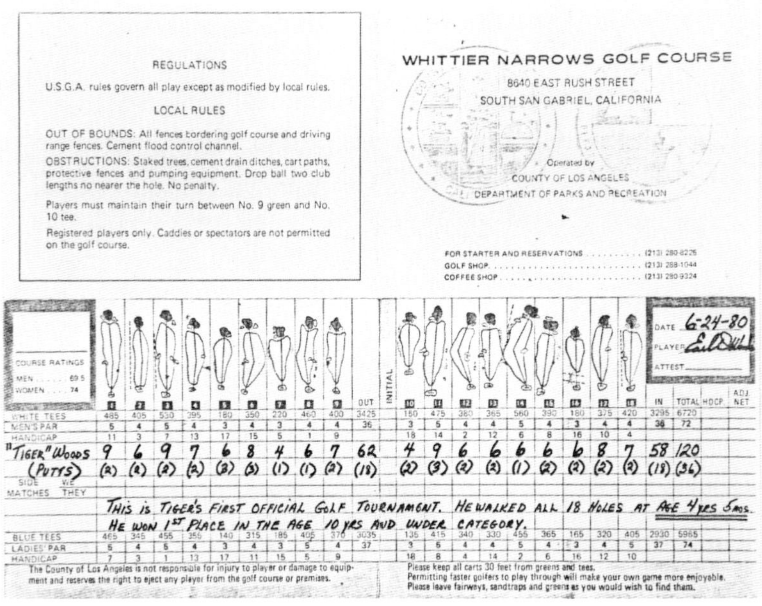

REGULATIONS

U.S.G.A. rules govern all play except as modified by local rules.

LOCAL RULES

OUT OF BOUNDS: All fences bordering golf course and driving range fences. Cement flood control channel.

OBSTRUCTIONS: Staked trees, cement drain ditches, cart paths, protective fences and pumping equipment. Drop ball two club lengths no nearer the hole. No penalty.

Players must maintain their turn between No. 9 green and No. 10 tee.

Registered players only. Caddies or spectators are not permitted on the golf course.

WHITTIER NARROWS GOLF COURSE

8640 EAST RUSH STREET

SOUTH SAN GABRIEL, CALIFORNIA

Operated by

COUNTY OF LOS ANGELES

DEPARTMENT OF PARKS AND RECREATION

FOR STARTER AND RESERVATIONS . . . . (213) 280-8225

GOLF SHOP . . . . (213) 288-1044

COFFEE SHOP . . . . (213) 280-9324

COURSE RATINGS

MEN 69.5

WOMEN 74

DATE 6-24-80

PLAYER Earl D. W.

ATTEST

	1	2	3	4	5	6	7	8	9	OUT	INITIAL	10	11	12	13	14	15	16	17	18	IN	TOTAL	HDCP.	ADJ. NET
WHITE TEES	485	405	530	395	180	350	220	460	400	3425		150	475	380	365	560	390	180	375	420	3295	6720		
MEN'S PAR	5	4	5	4	3	4	3	4	4	36		3	5	4	4	5	4	3	4	4	36	72		
HANDICAP	11	3	7	13	17	15	5	1	9			18	14	2	12	6	8	16	10	4				
"TIGER" WOODS	9	6	9	7	6	8	4	6	7	62		4	9	6	6	6	6	6	8	7	58	120		
(PUTTS)	(2)	(2)	(2)	(2)	(3)	(3)	(1)	(1)	(2)	(18)		(2)	(3)	(2)	(2)	(1)	(2)	(2)	(2)	(2)	(18)	(36)		
SIDE MATCHES WE / THEY																								
BLUE TEES	465	345	455	355	140	315	185	405	370	3035		135	415	340	330	455	365	165	320	405	2930	5965		
LADIES' PAR	5	4	5	4	3	4	3	5	4	37		3	5	4	4	5	4	3	4	5	37	74		
HANDICAP	7	3	1	13	17	11	15	5	9			18	8	4	14	2	6	16	12	10				

THIS IS TIGER'S FIRST OFFICIAL GOLF TOURNAMENT. HE WALKED ALL 18 HOLES AT AGE 4 yrs 5 mos. HE WON 1ST PLACE IN THE AGE 10 YRS AND UNDER CATEGORY.

The County of Los Angeles is not responsible for injury to player or damage to equipment and reserves the right to eject any player from the golf course or premises.

Please keep all carts 30 feet from greens and tees.
Permitting faster golfers to play through will make your own game more enjoyable.
Please leave fairways, sandtraps and greens as you would wish to find them.

Cortesía de Tida Woods

Mi primer torneo oficial, el Whittier Narrows Golf Course. Comencé con un hándicap 9 y finalicé con un 7. Todo el mundo tiene que empezar por algún sitio.

Cortesía de Tida Woods

En todos mis recuerdos siempre han estado mi padre y mi madre apoyándome.

Cortesía de Tida Woods

Notah Begay y yo durante mi primera visita a Augusta en el año 1995. Veníamos de un torneo universitario.

Cortesía de Mike Gout

Mi gran amigo del alma Mikey Gout, Kathy Battaglia y papá en la casa en la que me hospedaba.

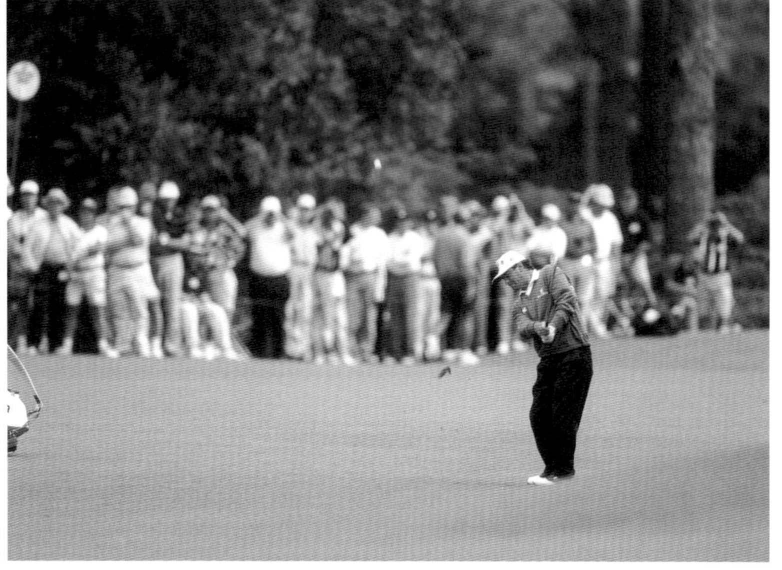

Sam Greenwood / Getty Images

Disfruté mucho jugando con Costantino Rocca en la ronda final, especialmente me gustaba mucho la suavidad de su juego.

David Cannon / Getty Images

Una mirada perdida en el horizonte.

Timothy A. Clary / Getty Images

Los patrocinadores del Masters conocen el juego y siguen muy de cerca el torneo en todo momento. Sentía su apoyo durante toda la semana.

Augusta National Historic Imagery

Este es el recorrido por la última calle que tanto había anhelado cuando imaginaba ganar el Masters. Y ahora estaba a punto de hacerlo. Aprecié mucho la ovación que me tributaron mientras me acercaba al *green*.

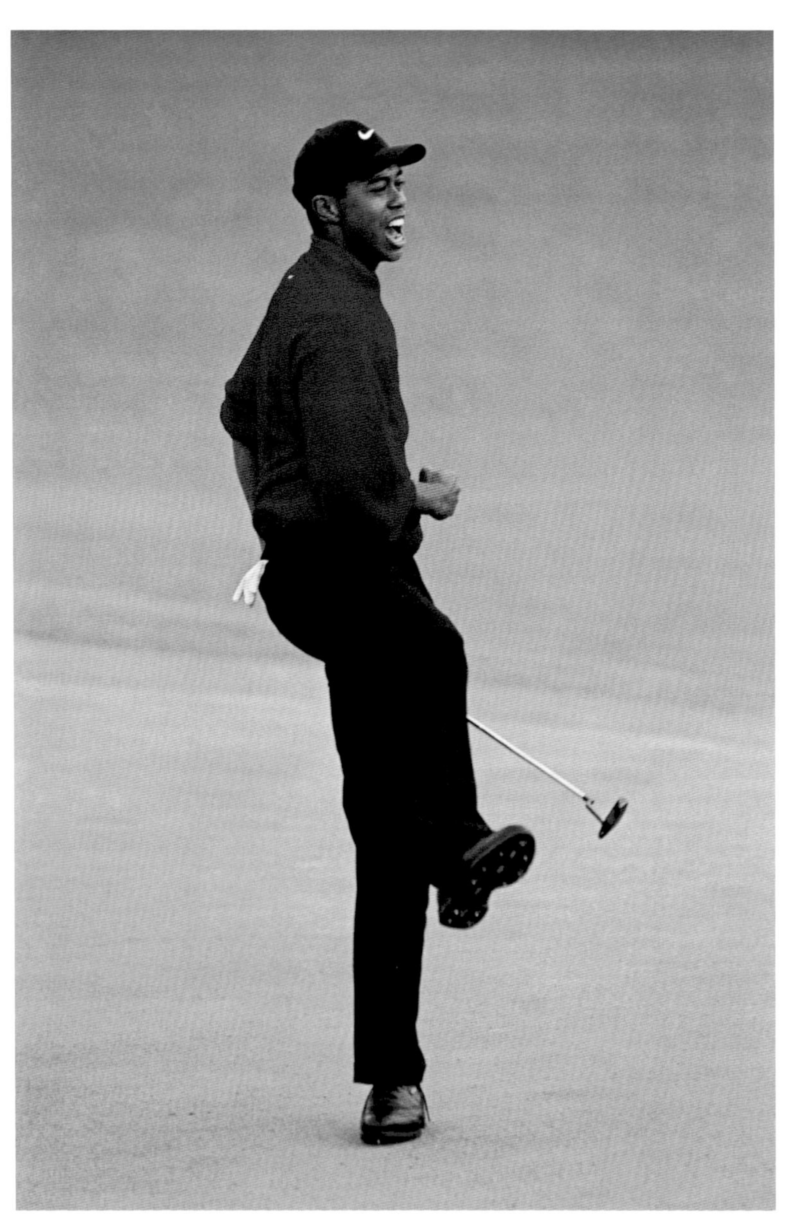

Augusta National Historic Imagery

Y ahí está. Mi último *putt* está dentro.

Timothy A. Clary / Getty Images

El instante en el que gané. Después de una semana de arduo trabajo, era el hombre más feliz del mundo.

Augusta National Historic Imagery

Fluff me ayudó desde el primer hasta el último hoyo. Compartimos este momento en el último *green*, después de un *putt*.

BOB PEARSON / GETTY IMAGES

Gracias, papá. Un momento muy especial que no olvidaré jamás.

Heinz Kluetmeier / Getty Images

Mi padre estaba tan enfermo que se suponía que no iría al Masters. Pero no se lo quiso perder de ninguna forma. Las emociones fueron muy intensas mientras mi madre nos miraba.

MASTERS® TOURNAMENT 1997 OFFICIAL SCORECARD

Tiger Woods — Thursday, April 10, 1997

Hole	1	2	3	4	5	6	7	8	9	Out
Yardage	400	555	360	205	435	180	360	535	435	3465
Par	4	5	4	3	4	3	4	5	4	36

10	11	12	13	14	15	16	17	18	In	Totals
485	455	155	485	405	500	170	400	405	3460	6925
4	4	3	5	4	5	3	4	4	36	72

I HAVE CHECKED MY SCORE HOLE BY HOLE.

Marker's Signature

Competitor's Signature

Tiger Woods

MASTERS® TOURNAMENT 1997 OFFICIAL SCORECARD

Tiger Woods — Friday, April 11, 1997

Hole	1	2	3	4	5	6	7	8	9	Out
Yardage	400	555	360	205	435	180	360	535	435	3465
Par	4	5	4	3	4	3	4	5	4	36

10	11	12	13	14	15	16	17	18	In	Totals
485	455	155	485	405	500	170	400	405	3460	6925
4	4	3	5	4	5	3	4	4	36	72

I HAVE CHECKED MY SCORE HOLE BY HOLE.

Marker's Signature

Competitor's Signature

Tiger Woods

MASTERS® TOURNAMENT 1997 OFFICIAL SCORECARD

Tiger Woods — Saturday, April 12, 1997

Hole	1	2	3	4	5	6	7	8	9	Out
Yardage	400	555	360	205	435	180	360	535	435	3465
Par	4	5	4	3	4	3	4	5	4	36

10	11	12	13	14	15	16	17	18	In	Totals
485	455	155	485	405	500	170	400	405	3460	6925
4	4	3	5	4	5	3	4	4	36	72

I HAVE CHECKED MY SCORE HOLE BY HOLE.

Marker's Signature

Competitor's Signature

Tiger Woods

MASTERS® TOURNAMENT 1997 OFFICIAL SCORECARD

Tiger Woods — Sunday, April 13, 1997

Hole	1	2	3	4	5	6	7	8	9	Out
Yardage	400	555	360	205	435	180	360	535	435	3465
Par	4	5	4	3	4	3	4	5	4	36
										36

10	11	12	13	14	15	16	17	18	In	Totals
485	455	155	485	405	500	170	400	405	3460	6925
4	4	3	5	4	5	3	4	4	36	72
									33	69

I HAVE CHECKED MY SCORE HOLE BY HOLE.

Marker's Signature

Competitor's Signature

Tiger Woods

AUGUSTA NATIONAL HISTORIC IMAGERY

Me siento muy orgulloso de mi tarjeta de puntuación de aquel Masters de 1997.

BOB MARTIN / GETTY IMAGES

Mi madre sonriendo mientras mi padre y yo nos abrazamos detrás del hoyo dieciocho. Me encanta ver la felicidad en la cara de mi madre.

TIMOTHY A. CLARY / GETTY IMAGES

Nick Faldo, el ganador del Masters del año anterior, poniéndome la chaqueta verde en la ceremonia de entrega de los premios.

Sam Greenwood / Getty Images

Disfrutando de la ceremonia en el *green* de prácticas aquella tarde de domingo.

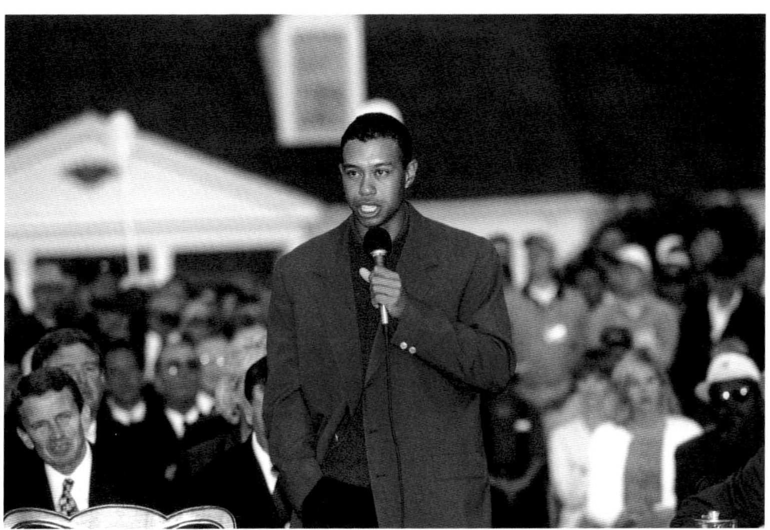

Sam Greenwood / Getty Images

Fue tal la concentración durante el torneo que no tuve tiempo para pensar lo que diría en la ceremonia de entrega. Hablé con el corazón.

Cortesía de Mike Gout

Una gran sorpresa: una tarta de parte de mis compañeros de casa para celebrar mi título. Siempre me ha gustado mucho lo dulce, y fue muy agradable disfrutar de este pastel.

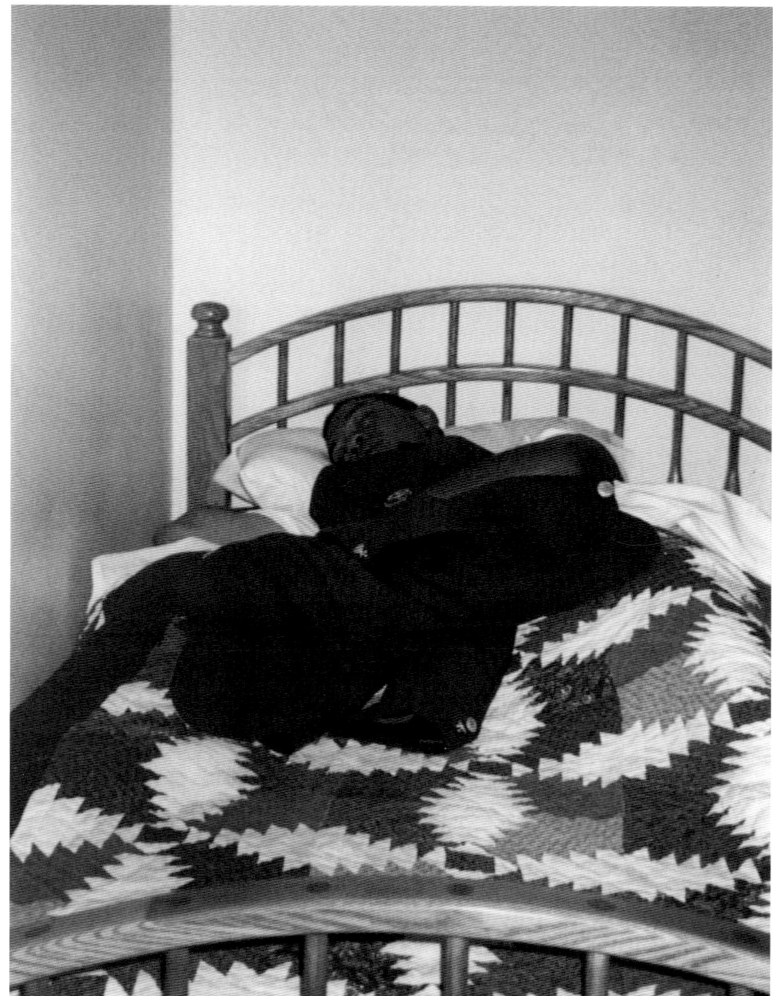

Cortesía de Mrs. Tida Woods

Después de la celebración del domingo por la noche, estaba agotado; encontré el sitio ideal para descansar. Nadie podía separarme de la chaqueta verde.

One Erieview Plaza
Suite 1300
Cleveland, Ohio 44114

April 30, 1997

Mr. Jackson T. Stephens
Chairman
Augusta National Golf Club
2604 Washington Road
Augusta, GA 30904

Dear Mr. Stephens:

I would like to take this opprtunity to personally thank you as well as the other officers, members, their committees and the staff of Augusta National Golf Club for the magnificence of the Masters Tournament. What a wonderful and fulfilling experience we golfers, who were fortunate to qualify, had while playing there. This was and always will be a special place for me.

Winning the Masters Tournament was the realization of a lifelong dream, not only for myself, but also for my parents and the black pioneers of golf, who sacrificed so very much so that I could be there. They were all in my thoughts as I proudly slipped on the green jacket as the 1997 Masters champion. The memories of that glorious day will forever be etched in my mind.

I plan to wear the jacket with pride and dignity just as past Masters champions have done, and look forward to returning to Augusta for many years to come. Thank you again for giving me the opportunity to compete not just for myself, but for all minority people of the world.

Sincerely,

Tiger Woods

TW/hlm

CORTESÍA DE TIGER WOODS

Mi carta de agradecimiento al club después de mi victoria.

AUGUSTA NATIONAL HISTORIC IMAGERY

La acuarela de la sede del club Augusta National que aparece en el frontal del menú.

Masters Club Dinner

Tuesday, April 7, 1998

CHEESEBURGER

GRILLED CHICKEN SANDWICH

FRENCH FRIES

STRAWBERRY AND VANILLA MILK SHAKES

Served in Honor of Mr. Tiger Woods

SHRIMP COCKTAIL — GRABER OLIVES

PRIME FILET MIGNON

SAUTÉED SEA BASS

TWICE BAKED POTATO — FRESH SAUTÉED CORN

STRAWBERRY SHORTCAKE

1975 CHATEAU MOUTON ROTHSCHILD — 1995 BATARD MONTRACHET, DOMAINE LE FLAIVE

AUGUSTA NATIONAL HISTORIC IMAGERY

Me tocó organizar la cena de campeones del año 1998. El menú que elegí demostraba que tan solo tenía 22 años. Hamburguesa con queso, sándwiches de pollo y batidos.

AUGUSTA NATIONAL HISTORIC IMAGERY

Fue un gran honor estar sentado entre Arnold Palmer y Jack Nicklaus, disfrutando de la velada con muchos de los mejores jugadores de la historia durante la cena de campeones de 1998. Arnold, te echaremos mucho de menos.

tras haberlo ganado en 1958, 1960, 1962 y 1964. En enero de ese año le diagnosticaron cáncer de próstata y le operaron cinco días después. Lo primero que preguntó al médico fue cuándo podría volver a jugar; le contestaron que al cabo de seis semanas. Hizo un cálculo rápido y supo que tendría tiempo para preparar el Masters. Si había alguna posibilidad de jugar en el Augusta, aparecería por allí. Una vez estuve en el vestuario con él cuando ya era mayor y empezamos a hablar de la ronda que nos esperaba mientras nos poníamos los zapatos. El terreno estaba firme e imaginamos que tendríamos un buen día, porque los *drives* en las calles llegarían más lejos. Hablamos de estrategias y bromeamos. Cuando le dije que podría hacer 80, me contestó con un sonoro: «¡Vete a la M!». Era muy divertido estar con él y meternos el uno con el otro.

El viernes salió en la primera pareja, a las 8.20, con Ken Green. Yo estaba en la penúltima, con Paul. Empezamos a las 14.39 y me estaba preparando para la ronda cuando Arnold apareció en la calle decimoctava. Estaba cansado e hizo 89 después de haber hecho 87 en la primera ronda. En la segunda ronda, el público se ponía en pie para aplaudirle una y otra vez, y la ovación que recibió en el decimoctavo *green* cuando se acercó y lo acabó fue incluso más prolongada y ruidosa. Arnold y el Augusta llevaban juntos muchos años y un cáncer de próstata no iba a detenerlo. Me dijo que su puntuación le daba vergüenza y que no creía que su estado de salud pudiera haberle afectado tanto. Su puntuación no le importó al «ejército de Arnie».

Pocos años después, en 2004, Arnold, que entonces tenía setenta y cuatro años, jugó su quincuagésimo y último Masters. Cinco años después, en el 2009, Gary Player, que entonces tenía setenta y tres años, disputó su quincuagésimo segundo y último Masters. ¿En qué otro deporte se puede jugar durante más de medio siglo?

Mientras Paul y yo subíamos la decimoséptima calle se me aceleró el corazón: la ronda se había vuelto más intensa conforme progresaba. Las bromas de Fluff me relajaban, así como las breves conversaciones con Paul. Había llegado el momento de calmar mis pulsaciones, pues estaba a punto de lanzar. Sabía qué ritmo cardiaco necesitaba para poder hacerlo, cuándo aumentarlo y cuándo calmarlo. En cuanto a la energía que necesitaba poner en el *swing*, había un nivel en el que me sentía cómodo. Controlaba los latidos con la respiración. De ser necesario, era capaz de entrar en un estado casi zen.

Hice par en el decimoséptimo y el decimoctavo, me puse en 66: era líder con tres golpes de ventaja. Era una gran mejoría respecto a los otros dos Masters en los que había competido, en los que no hice par en las seis rondas que jugué. Una diferencia importante era haberme hecho profesional y disputar más torneos que cuando estaba en la universidad. Las otras veces que había ido al Augusta había estado estudiando por las noches para preparar los exámenes finales de Stanford, lo que era una gran desventaja respecto a los profesionales de ese torneo tan duro. Ya podía golpear todas las bolas que quisiera, durante horas y horas, y hacer *putts* en el suelo de la pista de voleibol de Stanford, pero aquello no podía sustituir a los torneos. En esa ocasión, los campeonatos que había disputado y ganado daban a entender que estaba listo para competir en el Augusta.

Después de la ronda, fui al campo de prácticas con Butchie y Fluff para trabajar en el *swing*. Había dado un par de golpes nada claros (como el *drive* en el noveno) y no quería irme hasta sacar esos golpes de mi interior y entender qué había salido mal. Practiqué moviendo la bola de izquierda a derecha, un golpe que me costaba cuando lo necesitaba, aunque era capaz de hacerlo cuando tenía una posición mejor con las manos y la varilla en el *backswing*. Lancé un par de bolsas de bolas y después Jerry me llevó a casa. Bueno, no directamente. Primero teníamos que parar en Arby's, algo absolutamente necesario, pues había estado jugando bien dos días seguidos.

Al repasar la ronda en casa, hoyo por hoyo, llegué a la conclusión de que había hecho un golf inteligente y estratégico, tal como había planeado antes de ir al Masters. Era el estilo que Nicklaus aconsejaba para el Augusta: muchos jugadores se habían derrumbado al cometer errores de concentración y correr riesgos innecesarios. Todavía no lo dominaba, porque era muy joven, pero sabía que era importante jugar un golf eficiente. No tenía que ser espectacular ni necesitaba intentar llegar a banderas inaccesibles. Jack siempre decía que siempre se consiguen muchos buenos *birdies* si se golpea en el centro de los *greens* del Augusta. Intenté hacerlo en la mayoría de los hoyos, pero también me gustaba utilizar las pendientes para algunas veces acercar la bola al hoyo después de que cayera en una zona segura. Hacía buenos *drives*, por lo que sabía que podría llegar al *birdie* en los hoyos con par 5. Incluso podría conseguir algún *eagle*.

Mi plan para el sábado era más de lo mismo. Tal vez podría calificarse de golf aburrido, ya que no estaba forzando nada, tal como había hecho en 1995 y 1996. No era un veterano del Augusta, pero empezaba a entender el campo y a pensar en mi juego tal y como se debía. Estaba haciendo lo que había ido a hacer al Augusta.

Quizás a la gente no le gustó que después de la segunda ronda dijera que no me parecía diferente liderar el Masters que haberlo hecho en otros torneos que había ganado. Pero es que a mí me parecía igual porque no estaba jugando para ganar la copa de cristal o la chaqueta verde, ni para ser el primer jugador de una minoría racial que ganaba el Masters. Todo eso estaba allí, claro, pero en segundo plano. Jugaba por la alegría que produce competir... y por la búsqueda. Pero esa búsqueda la hacía para sacar el talento que llevara dentro. No era una búsqueda de un trofeo. Si hacía lo que sentía que podía hacer, todo lo demás (los honores, los regalos y los trofeos) llegaría.

8

Sábado, 12 de abril de 1997

Si necesitaba una motivación extra para la tercera ronda, el día anterior me la proporcionó Colin Montgomerie en su rueda de prensa. Monty iba el segundo, tres golpes por debajo de mí, por lo que íbamos a ser la última pareja del sábado, a las dos. En la rueda de prensa se le preguntó por nuestras posibilidades ese día, y habló claro y dijo que todo el mundo vería en la tercera ronda lo que yo era capaz de hacer y que su experiencia podría resultar un «factor clave». No había duda: Monty tenía mucha más experiencia que yo. Entonces no lo conocía; con el tiempo me llevé bien con él. Hemos competido bastante por todo el mundo: es divertido jugar con Monty. Pero aquel sábado me tomé muy en serio que ninguno de los dos hubiera ganado ningún grande. Y, en todo caso, sus comentarios solo sirvieron para reforzar mi idea de jugar mi mejor golf el resto del torneo.

Completé el calentamiento habitual: estaba deseando ir al primer *tee* de la tercera ronda. Lo último que hizo Butchie cuando nos fuimos del campo de prácticas fue recordarme los comentarios de Monty el día anterior. Se dio cuenta de que aquello me había removido por dentro. Comencé haciendo pares y *birdies*, y me animé. En los primeros nueve hoyos hice 32, cuatro bajo par. Era solo la tercera ronda, pero me sentó de maravilla jugar tan bien y aumentar la ventaja, no solo sobre Monty, sino respecto a todos los jugadores.

Quería seguir ocupándome de los hoyos con par 5, como había hecho en los nueve primeros, en los que había hecho *birdie* en el segundo y el octavo, y conseguir *birdie* en todos los hoyos en los que se me presentara la ocasión. Hice los *putts* con sumo cuidado e intenté dejarme *putts* muy cortos para hacer par o *birdie* en los hoyos con par 5 a los que hubiera llegado con dos golpes. Quería una ronda fácil, que resultara poco estresante. Aquello era imposible en el Augusta; los *greens* son todos complejos, así cualquier golpe de aproximación requiere reflexión y una buena estrategia.

La forma en que jugué el tercer hoyo es una buena muestra. En el *tee* golpeé con un hierro tres y después con un *wedge* que llevó la bola a la derecha del *green*. Aquello había sido un gran error porque tenía que hacer un *pitch* tremendo para volver a buen lugar. Puede parecer no tan difícil. Estaba el *green* y el hoyo, y tenía suficiente espacio para rozar la bola y darle un poco de efecto hacia la derecha para que fuera cerca del hoyo, desde donde podría hacer un *putt* para estar en el par (o quizás uno muy corto). Sin embargo, no le di tanto efecto a la bola como quería. Qué desastre. Había una colina entre el hoyo y yo, así como una ladera que caía de izquierda a derecha. La idea era suavizar el golpe al llegar a la colina, no muy fuerte al pasar la cima, y trazar una curva hacia la derecha para acabar cerca del hoyo. Pero pasó a su lado rodando: no le había dado el efecto que se necesitaba. La pelota rodó recta, a unos dos metros del hoyo. Me di cuenta de que casi era mejor que hubiera llegado hasta allí. Era un golpe muy difícil. Hice par con el *putt*. Mientras iba al siguiente *tee* me dije: «Vale, podría haber sido horrible, pero has conseguido hacer par. Uno bajo par después de tres hoyos».

Estaba disfrutando de la ronda y de la compañía de Monty. Se mostraba respetuoso y elogiaba mi juego. Decía: «Bonito golpe, buen juego». Así es como debe de ser el golf; yo hacía lo mismo. Bromeamos mucho por el camino, pero enseguida supo que estaba en un combate de pesos pesados. Es posible que también se diera cuenta de que sus comentarios me estaban dando una motivación extra. Caminaba con la cabeza baja y los hombros hundidos. Yo me forzaba para superar los hoyos con par 5 y cualquier dificultad que se me presentara. No me vino mal que los *greens* estuvieran blandos por haber absorbido algo de lluvia; así podía atacar algunas banderas que pensaba que tenía garantizadas. La pelota tenía algo de barro, por lo que di algunos golpes con efecto hacia dentro desde los *tees*, para que se desprendiera.

Estaba siendo competitivo, así de simple. Si alguien me desafiaba, no iba a echarme atrás. Mis padres lo sabían: por eso no se preocuparon cuando hice 40 en los primeros nueve hoyos de la primera ronda. Creían en mí y siempre me habían dicho que podía hacer cosas en el campo que nadie más podía hacer. Estoy seguro de que su confianza estaba dentro de mí. No creía a la gente que decía y escribía que todo sería diferente para mí cuando me convirtiera en profesional. ¿Por qué iba a hacerlo? Seguía siendo golf. La bola no sabía que solo llevaba siendo profesional siete meses y que apenas tenía veintiún años. No sabía que estaba jugando mi primer Masters como profesional. Estoy seguro de que Nicklaus pensaba lo mismo cuando disputó el Masters de 1986, con cuarenta y seis años. La bola no sabía su edad.

Apenas se criticaba a Nicklaus, lo cual era bastante lógico. Pero en el Masters de 1986 no estaba jugando bien. Tom McCollister, un periodista del *Atlanta Journal-Constitution* que Jack respetaba, no creyó que tuviera suficiente juego como para ganar. Escribió un artículo en el periódico el domingo anterior a la semana del Masters en el que dijo: «Nicklaus está terminado, acabado. Ya no tiene juego. Se le ha oxidado por falta de uso. Tiene cuarenta y seis años y nadie tan mayor gana el Masters».

Eso era verdad. Nadie tan mayor había ganado el Masters. ¿Y? ¿Importaba que Nicklaus no hubiera ganado un grande desde hacía seis años o un PGA Tour desde hacía dos años o que en siete torneos ese año su mejor clasificación hubiera sido la de trigésimo noveno? Jack no creía que nada de eso importara. Fue al Masters y al Augusta, un lugar y un torneo que conocía muy bien; allí había ganado cinco veces. En el Augusta dijo: «Sigo queriendo ganar y creo que puedo hacerlo. Aunque solo sea por eso, voy a ganar, para demostraros que puedo».

Con todo, era cierto que antes del Masters no estaba jugando bien. Pero tenía a su lado a Jack Grout, el profesor que le había enseñado desde que tenía diez años. Fue a verlo la semana anterior al Masters y llegaron a la conclusión de que en el *swing* utilizaba demasiado las manos. Necesitaba una mayor sincronización entre las manos, los brazos y el cuerpo. Había cierta similitud entre lo que estaba intentando hacer a los cuarenta y seis años y lo que habíamos practicado Butchie y yo desde que empezamos a trabajar juntos cuando tenía diecisiete.

Jack leyó el artículo que había escrito McCollister porque un amigo que estaba en su casa lo puso en el frigorífico. Tenía que verlo. Después hizo 65 y ganó el Masters por sexta vez. Poco después, en el centro de prensa preguntó en broma: «¿Dónde está Tom McCollister?». El periodista estaba acabando un artículo y llegó unos minutos después. «Hola, Tom... Gracias», lo saludó Nicklaus. «Me alegro de haberle ayudado», contestó McCollister. Aquellas frases se dijeron con buen humor, pero todo el mundo que conocía a Jack sabía que aquel artículo le había motivado sobremanera.

Disfruté leyendo sobre aquel Masters y acerca de esa anécdota. Y cada vez tenía más ganas de participar en ese torneo. A mí, el comentario que Monty hizo el viernes por la tarde antes de jugar me afectó. Perfecto. Cuando íbamos del campo de prácticas al primer *tee*, Butchie leyó en mis ojos que estaba deseando jugar y enfrentarme al campo, a Monty y al resto de jugadores. Pero sí: sobre todo a Monty.

Acabé los nueve primeros hoyos con un *birdie* con dos *putts* en el octavo hoyo y par en el noveno, con 32. Estaba cuatro bajo par en los primeros nueve hoyos y doce bajo par en el trofeo. Había dejado atrás cuarenta y cinco hoyos y estaba progresando. Quería que la diferencia de golpes fuera la mayor posible, pero sin correr riesgos ni cometer errores. Cuando fui del noveno al décimo hoyo, Nicklaus había hecho 74 y estaba hablando con los medios de comunicación detrás del decimoctavo *green*. Esa fue la primera vez que nuestros caminos se cruzaron en uno de los grandes. Recuerdo que una vez estaba a punto de hacer el *tee* de salida en la segunda ronda del U. S. Open de 2000 en Pebble cuando se oyó una gran ovación en el decimoctavo *green*: era Jack. Había embocado con dos golpes en el *green*, por primera vez en su carrera. Hubo un tiempo en que nadie conseguía hacer ese *green* con dos golpes, pero con el paso de los años la bola llegaba más lejos y el equipo era mejor, así que Jack decidió intentarlo. Fue su último U. S. Open.

Dos meses después jugué el PGA Championship en el Valhalla, Louisville. Fue mi pareja en las dos primeras rondas. En la segunda estábamos llegando al decimoctavo hoyo y dijo: «Hagámoslo de la forma correcta», insinuando que deberíamos hacer un *birdie* los dos. Lanzó su tercer golpe cerca de aquel hoyo con par 5 y completó un *birdie*. Yo también lo conseguí. En aquella ronda, Jack habló de las generaciones y de pasar el testigo. Me comentó que había jugado con Gene Sarazen en uno de sus últimos grandes. Y allí estaba yo, emparejado con Jack en su último PGA. Fue un momento muy especial.

En 1997, la calle del undécimo hoyo era tan ancha que pude lanzar desde el *tee* hacia el lado derecho. La bola llegó un poco más a la derecha de lo que había previsto, pero no importaba, porque en esa zona había espacio. Tenía un hierro nueve, que golpeé como tenía planeado: debajo del hoyo, a dos metros y medio para hacer *birdie*. Estaba encantado de que la pelota hubiera acabado tan cerca del hoyo, aunque tampoco me hubiera importado que hubiera estado a cuatro metros. La cuestión era estar debajo del hoyo. Prefería tener un golpe a cuatro metros debajo del hoyo que otro a metro y medio, encima. Había hecho un golpe similar en el séptimo, en el que acabé a tres metros y medio con un *sand wedge*, y conseguí un *birdie*. Debajo del hoyo, debajo del hoyo, debajo del hoyo... Ese era mi mantra. Era la única forma de puntuar en el Masters. Sin embargo, cuando lo había disputado como *amateur*, no tenía el mismo control de la distancia ni de los golpes medios. Butchie y yo trabajamos hasta que conseguí lanzar lo que Fluff llamaba «nutrientes». Nutría la pelota hacia el hoyo, aprovechando las pendientes, en vez de lanzarla directamente hacia la bandera, sin control de la distancia. En los Masters de 1995 y 1996 dejé muchos *putts* encima del hoyo. A veces utilizaba un hierro corto que creía que era perfecto, pero después me daba cuenta de que me había pasado trece metros. Buena suerte para el que vaya al Augusta con tan poco control de la distancia.

Sin embargo, había ocasiones en las que era difícil dejar la bola debajo, a veces por la posición de la bandera, o porque golpeaba con un palo más largo hacia el *green*. Los *greens* son lo suficientemente grandes como para poder lanzar hacia ellos con un palo largo, aunque tampoco es que tuviera hierros largos o maderas para las calles, ni siquiera en los hoyos con par 5.

Sin embargo, en el decimotercero lo hice. Después de golpear con una madera tres en el *tee* tenía ciento ochenta metros para salvar el agua y doscientos quince hasta el hoyo. La bandera estaba detrás, a la izquierda, en un montículo. Lancé con un hierro cuatro, pero salió hacia la izquierda, hasta una zanja. No había practicado ningún lanzamiento desde la ladera de una zanja. Sí desde la hondonada o con un golpe de aproximación, pero no desde la parte más lejana. No creí ni que pudiera golpear la bola desde allí. Muchos de los espectadores, que nunca tendrán oportunidad de participar en el trofeo, e incluso algunos de mis amigos, que después jugarían en el Augusta conmigo, no podían imaginarse lo difícil que era hasta que intentaron ese golpe. Es uno de esos golpes del Augusta a los que la televisión no hace justicia. Hay que estar allí.

Hice un buen lanzamiento, un ligero golpe con

efecto, para dejar la bola a tres metros del hoyo. Pero erré en el *putt* y no salió el que quería hacer, hacia el interior a la izquierda. Se curvó a la izquierda e hice par. Aquel fue uno de los hoyos con par 5 que no había preparado, pero me alegré del *pitch* que había hecho. Había sido uno de los mejores que había lanzado en todos los campos en los que había jugado y, con el tiempo, se convirtió en uno de los mejores que había conseguido en el Augusta. Con todo, tampoco es que fuera el mejor. Ni siquiera el golpe bajo sin efecto que emboqué desde detrás del decimosexto *green* el último día del Masters de 2005 fue el mejor, por muy espectacular que pareciera que la bola girara casi a noventa grados después de golpearla y cayera al hoyo después de dudar un segundo y dar la impresión de que iba a detenerse.

El mejor *pitch* que hice en el Masters fue el del sexto hoyo a comienzos del año 2000 en un Masters que no gané. La bandera estaba detrás, a la izquierda, y había lanzado desde el *tee* hacia la parte trasera derecha del *green*. No podía hacer un *putt* desde allí por la ubicación de la bandera. Tuve que hacer un *pitch* cruzando un rincón del borde. Saqué el *sand wedge* porque podía darle efecto para que la bola se frenara, pero no podía darle tanto efecto con el *wedge* de sesenta grados por culpa de la inclinación de la cara del palo. Hice un *pitch* con efecto para frenar la bola desde el *green*, que se detuvo y luego siguió rodando. Se quedó en lo alto de la pendiente, a un metro del hoyo. Fue uno de los *pitchs* más satisfactorios que he logrado en el Augusta, seguramente el mejor en cuanto a la dificultad para sacarlo. En este campo no es habitual tener que hacer un golpe de aproximación que salga del *green*.

Y

En el decimoquinto hoyo, en el que hice un *drive* hacia dentro y donde me bloqueaba ligeramente un árbol que estaba a la izquierda, conseguí un *birdie*. No quería dar un golpe de aproximación por la calle que quedara cerca del agua, porque eso deja un golpe que es de los más difíciles, no solo del Augusta, sino del golf. Se está en una pendiente muy empinada; si elegía esa ruta, podía darle demasiado efecto a la pelota. En la televisión parece fácil, porque no se nota la inclinación de la pendiente. Se le puede dar efecto y que acabe en el agua o, asegurándose de que se llega al *green*, se puede golpear por encima y dar un terrorífico golpe colina arriba, detrás del *green*. No era un golpe que estuviera deseando hacer.

No me quedó más remedio que utilizar un hierro seis para rodear el árbol. No podía apuntar al *green* con ese ángulo, sino que tuve que hacerlo hacia el búnker que había a la derecha. Era un golpe difícil, pero no pasaba nada. En ocasiones, lograba alguno de mis mejores golpes cuando estaba en modo recuperación. El golpe con el hierro seis se curvó y acabó en el borde trasero del *green*, a unos diez metros del hoyo. Dos *putts* después, conseguí un *birdie*. No había hecho *birdie* en el decimotercero, pero sí en tres de los hoyos con par 5. Todo, o casi todo, estaba saliendo como había planeado.

Después de hacer par del decimocuarto al decimoséptimo, llegué al decimoctavo con seis bajo par en el día; catorce bajo par en el torneo. El decimoséptimo fue un buen ejemplo de un hoyo en el que necesitaba ajustarme a mi plan, aunque fácilmente podría haberme sentido tentado de correr un riesgo. Después del *drive* me quedé a setenta metros del hoyo, que estaba a tres metros y medio detrás de un amplio y empinado búnker en la parte delantera derecha. No era muy aconsejable intentar dejar la pelota entre el hoyo y el búnker, porque había muy poco margen de error. Lancé más allá del hoyo, hice par con dos *putts* y seguí adelante. Un *drive* en el decimoctavo *tee*; después, un *sand wedge* a cien metros para llegar a la derecha del borde trasero. La bola llevaba mucho efecto, se agarró al césped y rodó hasta quedar a treinta centímetros del hoyo. Mi tarjeta estaba limpia, once hoyos en par y siete *birdies*: 65 golpes. Había jugado el golf para el que me había estado preparando.

En el decimoctavo *green*, Monty y yo nos estrechamos la mano. Había hecho 74, doce por debajo de mí, después de haber empezado la ronda tres golpes por debajo. Le había dado una paliza, pero seguía mostrándose cordial. Me gustó cómo jugó, sobre todo porque su *swing* era muy repetitivo. Se notaba, incluso cuando no tenía un buen día. Monty lanzaba siempre de izquierda a derecha y tenía uno de los mejores *drives* de todos los jugadores a los que me he enfrentado. No llegaba muy lejos. Cuando no curvaba mucho la trayectoria y se sentía bien y podía darle la vuelta o lanzar una bola recta, llegaba. Si no, utilizaba un golpe fuerte de izquierda a derecha. No fallaba muchas calles.

Los medios de comunicación querían hablar con Monty, que aceptó la invitación, a pesar de lo decepcionado que estaba con su ronda. Les dio lo que querían (los hechos, como él los veía), tal como había hecho después de la segunda ronda.

«No hay forma de que Tiger pierda este torneo», dijo. Alguien comentó que Norman había perdido el año anterior después de llevar una ventaja de seis golpes. Monty replicó: «Esto es diferente, muy diferente. Para empezar, Faldo no es el segundo [Costantino Rocca era el segundo, con nueve golpes por debajo de mí], y Greg Norman no es Tiger Woods». Aquel comentario sobre Norman era un tanto hiriente, pero así era como se sentía Monty.

Mi conferencia de prensa duró un buen rato. Me informaron de los comentarios de Monty, que agradecí. Pero el torneo todavía no había acabado, a pesar de que me preguntaron qué talla de chaqueta usaba. No lo sabía exactamente. Cuarenta y dos de largo, creía. Era demasiado pronto para hablar de la chaqueta verde. Sí, contaba con una gran ventaja, pero el torneo constaba de setenta y dos hoyos, no de cincuenta y cuatro. Todavía no había acabado. Quería ir a casa, repasar mi tercera ronda y hacer planes para el domingo. No creí que fueran muy diferentes a los que había hecho para el sábado. También tenía algo a lo que recurrir, la ventaja de seis golpes en la última ronda del Asian Honda Classic. Jugué una de las mejores rondas hasta ese momento en mi carrera y gané por diez golpes. Me dije que debería pensar en eso el sábado por la noche. Era como hipnotizarme a mí mismo para jugar bien con una gran ventaja.

9

Domingo, 13 de abril de 1997

Era para lo que había estado trabajando: una ventaja de nueve golpes a falta de una ronda, la situación con la que soñaría cualquier jugador de golf antes del asalto final. Al mismo tiempo, perder con semejante ventaja podía ser una pesadilla, como le había pasado a Norman el año anterior. Hacerlo, a pesar de ser joven y tener poca experiencia en el Augusta, me hubiera perseguido el resto de mi carrera. Tenía un plan muy sencillo: no hacer *bogeys*, controlar los hoyos con par 5 y hacer siempre los golpes, de forma que, si fallaba, dejara la bola en el lugar adecuado. Si no hacía ningún *bogey*, Costantino tendría que hacer 63 para empatar conmigo. Si yo controlaba los hoyos con par 5 y hacía un par de *birdies*, tendría que hacer 61. Nadie ha hecho nunca 61 en un Masters. Nadie ha hecho nunca 62 en un Masters ni en ninguno de los otros grandes.

Había leído y visto lo suficiente sobre el Masters como para saber que es posible perder con una gran ventaja. La de seis golpes que había perdido Greg Norman era la más conocida, pero también se habían dado otros casos. En 1980, Seve tenía siete golpes de ventaja cuando empezó la última ronda. No era posible que perdiera semejante ventaja, o eso fue lo que pensó todo el mundo. El año anterior había ganado el Open Championship y solo tenía veintitrés años cuando jugó el Masters, pero era una superestrella. Aquel domingo su ventaja de siete golpes se convirtió en diez cuando iba hacia el Amen Corner, después de haber hecho 33 en los primeros nueve hoyos. Pero cuando acabó el decimotercer hoyo, solo le llevaba tres golpes de ventaja al jugador australiano Jack Newton. En el Amen Corner pueden pasar cosas disparatadas: muchos golpes, *birdies* y *eagles* que pueden provocar grandes cambios en el liderazgo. Seve se recompuso y acabó ganando por cuatro golpes, pero aquella victoria no fue coser y cantar para él. Posteriormente le preguntaron qué pensaba después de perder esa ventaja: «Luchaba por dentro conmigo mismo y me decía "hijo de *punta*"», declaró.

Después solo hay que ver lo que le pasó a Jordan Spieth en el Masters de 2016. El último día llevaba una ventaja de cinco golpes al acabar los primeros nueve golpes y después hizo *bogey* en el décimo y undécimo, y cuatro golpes sobre par en el duodécimo, cuando lanzó la bola desde el *tee* al arroyo Rae. Después dropó una bola y volvió a lanzarla al arroyo. Mientras tanto, Danny Willett había hecho *birdie* en el decimotercero y decimocuarto, y se había puesto por delante de él. Spieth tardó cuarenta minutos en perder una ventaja de ocho golpes. Al final ganó Willett.

Al escribir sobre aquello veinte años después, me doy cuenta de que las lecciones del Augusta siguen repitiéndose. Mi padre tenía razón cuando hablamos aquel sábado por la noche. Tenía que jugar una última ronda eficaz y no intentar nada que no fuera llevar a cabo mi plan. Solo había pasado un año desde que había tenido una ventaja de nueve golpes en la última ronda del NCAA Championships en el Honors Course, cerca de Chattanooga, donde hice 80. Aun así gané el título por tres golpes. Pero ¿80? Me sentí enfadado y decepcionado conmigo mismo.

Después de haber aprendido una buena lección cuando tenía once años y estaba jugando el Optimist Junior World Championship en el Mission Bay Golf Course de San Diego, sabía algo sobre la eficiencia. Me enfrenté a un chico que era un poco más alto que yo y parecía fuerte. Hizo un *drive* al *green* en el primer hoyo, que era corto y con par 4. Jamás había visto a un niño de mi edad lanzar la bola tan lejos; eso desbarató mi juego. Básicamente claudiqué después de ese lanzamiento desde el *tee*, porque creí que no podría vencerle.

Cuando mi padre volvió de trabajar y le dije lo que había pasado, me preguntó qué había hecho yo en el primer hoyo. Había hecho par. Entonces me preguntó qué había hecho el otro chico: *birdie*. Mentalmente había abandonado la ronda. Mi padre me dijo que no podría controlar lo que hicieran otras personas, ni en el golf ni en la vida. Lo único que podía controlar era mi corazón, mi voluntad, mi esfuerzo y mi habilidad. Eso formaba parte de ser eficiente o incluso despiadado. Al año siguiente gané el Junior World y después lo hice en todos los grupos de edad. Si perdía en un torneo (y perdí), no pasaba nada siempre que hubiera intentado hacerlo lo mejor posible. Mi madre y mi padre nunca me presionaron para que triunfara. Mi deber era dar todo lo que tenía, en cada golpe. Sus constantes ánimos y su fe en mí me proporcionaron una tranquila y enérgica confianza de que no solo podía ganar, sino dominar.

No cambiamos ninguna de nuestras rutinas. Después de la tercera ronda fuimos a Arby's de camino a casa, como hacíamos habitualmente. La noche anterior a la última ronda dormí muy bien, ocho o nueve horas. Normalmente solo duermo así cuando llevo ventaja en algún torneo. Tenía la mente despejada y no me preocupaba mi juego. Tampoco había mucho de lo que preocuparse, porque no creía que mi *swing* o mi concentración fueran a abandonarme. Sabía que en el golf todo puede salir mal en cualquier momento, pero ese era un pensamiento lejano. Cuando me fui a la cama, me prohibí a mí mismo desperdiciar una ventaja de nueve golpes.

Mis pautas de sueño cambiaron cuando fui a Stanford porque nuestro equipo siempre estaba de viaje. No jugábamos partidos en casa y esa universidad se enorgullecía de ajustar el trabajo de un semestre en un cuatrimestre. Solo tenía una opción: pasar la noche en vela. A menudo lo hacía dos o tres noches seguidas, para ponerme al día. Me gustaba la idea de que alguien que estuviera estudiando para ser médico trabajara veinte horas diarias mientras era médico residente. No se tiene elección y se aprende a no dormir. También competía contra estudiantes que eran más listos que yo —Stanford está lleno de alumnos brillantes— que no tenían que viajar. ¿Cómo iba a rivalizar con ellos? Viajaba para disputar torneos universitarios y al mismo tiempo intentaba seguir el ritmo de mis estudios. También viajábamos por todo el país, lo que hacía que todavía fuera más difícil estudiar. Era otro desafío y lo acepté. No me gustaba, pero no iba a suspender. A pesar de todo, me gustó Stanford y lo echaba de menos.

Fui al campo de prácticas a la hora habitual, veinte minutos antes de que comenzara la ronda; trabajé en la parte izquierda. Butchie estaba allí. Fred Couples también había ido a ese rincón y bromeamos mientras calentaba. Se mostraba impaciente por empezar una ronda que, según me había dicho mi padre la noche anterior en casa, sería la más dura de mi vida. Estaba cansado después de aquella larga semana, pero quería asegurarse de que hablaba conmigo antes de la última ronda. Siempre había estado a mi lado y no iba a dejar de hacerlo aquella noche. Fui a su habitación para ver qué tal estaba. Todo el mundo se había ido a dormir.

Hicimos un resumen de las tres rondas del torneo y llegamos a la conclusión de que los últimos dieciocho hoyos serían los más difíciles a los que me habría enfrentado en mi vida. Intentaba conseguir que me diera cuenta de que tendría que trabajar duro para hacerlo todo de la forma correcta, para no descuidarme confiado por mi gran ventaja. Ya me había enfrentado a competiciones complicadas antes, pero en juego por golpes. En esa modalidad, si hacía doce golpes en un hoyo, no pasaba nada. Si perdía uno, daba igual. Podía recuperarme en el siguiente. Mi padre me dijo que lo tenía todo para ganar, pero también para perder, y que solo debía pensar en cada momento y cada golpe, y no anticiparme. Si lo hacía así, dijo, habría cumplido mi cometido. Quería que entrara en mi mundo y me concentrara en lo que tenía que hacer. Debía de ser yo mismo. Y, si podía hacerlo, la última ronda sería una de las más gratificantes que habría jugado nunca.

Mi padre me conocía muy bien y sabía decir la frase adecuada en el momento preciso. Cuando lo perdí, en 2006, eso era una de las cosas que más echaba de menos. Yo también lo conocía muy bien. Nos llevábamos de maravilla y podíamos hablar de todo. Se aseguró de no hablarme con condescendencia desde que era niño e incluso se agachaba para estar a mi altura, algo que yo también hago con Sam y Charlie. Planeábamos la estrategia de los torneos desde que tenía cinco años. Hay fotografías en las que aparezco en un campo de golf con un palo en los hombros, y en las que se ve a mi padre inclinado para hablarme cara a cara.

Intenté no pensar mucho en él mientras me preparaba mentalmente para la última ronda después de nuestra charla el sábado por la noche. De vez en cuando me venían imágenes suyas, lo que estaba bien, pero intentaba no darle muchas vueltas. Lo que necesitaba era controlar mis emociones. Tenía que hacer todo lo posible para darme la mayor oportunidad de mostrarme impasible en esa ronda, ser el asesino de sangre fría. De haber pensado mucho en mi padre de camino a la última ronda, me habría emocionado. Quería que mi madre y él estuvieran orgullosos, pero, para eso, el domingo necesitaba establecer una distancia emocional. No era fácil porque mi padre no se había sentido bien durante el torneo. Hubo momentos en los que era él mismo, pero durante gran parte del torneo no lo fue; se quedaba dormido.

Parte de la tarea que me había impuesto para el domingo consistía en dejar que los pensamientos que me rodeaban se desvanecieran. Intentar forzarlos a salir de mi mente habría resultado una locura y algo improductivo. Debía dejar que se fueran de mí. Después de la ronda del sábado me preguntaron cuántas veces había cerrado los ojos y me había imaginado yendo por la calle decimoctava con ventaja, oyendo el clamor del público. Intenté desviar la conversación y contesté que me concentraba en jugar bien los hoyos anteriores al decimoctavo para poder hacer ese recorrido por la última calle hasta el *green*. Sin embargo, en realidad, retrocedí mucho más mientras me preparaba para la última ronda. Pensé en el lanzamiento desde el *tee* en el primer hoyo.

Con todo, los pensamientos sobre ganar el Masters revoloteaban por mi mente, en ocasiones uno o dos minutos. ¿De verdad estaba sucediendo todo aquello? ¿Iba a convertirme en el jugador más joven que había ganado el Masters? ¿Crearía aquella victoria oportunidades para las minorías en el golf, como sugerían muchas personas? ¿Qué significaría para los jugadores negros que habían sufrido en un mundo en el que el color de la piel importaba y en el que no habían tenido las mismas oportunidades que yo, ni de lejos? ¿Tendría realmente una victoria en un torneo de golf, aunque fuera el Masters, la importancia social que se decía? La única forma de averiguarlo era ajustarme a mi plan y hacerme con la chaqueta verde.

Empecé la última ronda a las 15.08, que es más o menos la hora a la que comienza el líder. Había jugado cuatro rondas seguidas; en el tiempo del líder de principio a fin. No era habitual, pero el Augusta volvía a emparejar a los jugadores después de la primera ronda. Y, como me había recuperado y hecho 70, iba a estar en una de las últimas seis parejas el viernes. Tenía mucho tiempo todos los días. En los torneos profesionales-*amateurs* siempre jugaba temprano (normalmente éramos los primeros) y, de haber podido, habría jugado pronto en las rondas. Pero, por supuesto, los torneos de golf no funcionan así. Si te toca jugar temprano un fin de semana, es que no vas bien. Jugar tarde implica tener mucho tiempo libre. Hasta media tarde no había cobertura del Masters en la televisión, por lo que no tenía tiempo para ver qué tal lo estaban haciendo el resto de los jugadores o para leer cómo estaba el recorrido.

Butchie y yo nos aseguramos de que, como siempre,

mi último golpe en el campo de prácticas fuera el que quería hacer en el primer *tee*. Mientras practicaba algunos golpes de aproximación vi a Lee Elder. Había volado hasta Atlanta con su mujer, Rose, desde su casa en Florida; después habían conducido hasta Augusta. Me deseó buena suerte, cosa que reforzó aún más mi determinación de hacerlo bien. El sábado por la noche había estado pensando en Lee, el abuelo Charlie y Ted Rhodes.

Después me enteré de que gran parte del personal del Augusta, muchos de ellos afroamericanos, habían ido al roble cercano al primer *tee* para verme empezar. También había otros miembros del personal. Había llegado la hora de hacer algo en el Masters que no se había hecho nunca. La idea se me ocurrió cuando me acercaba al primer *tee* y después desapareció. Entré en mi burbuja, completamente concentrado.

Llevaba una camisa roja, siempre me pongo una de ese color los domingos de torneo; una superstición que heredé de mi madre. El rojo es su color preferido. En Tailandia cada día está representado por un color; el rojo es el color del domingo. Quería que la llevara, aunque ya le había demostrado que podía ganar con otros colores. Cuando ganaba un torneo juvenil con una camisa roja, siempre decía: «¿Ves?, juegas mejor cuando vas de rojo». En el siguiente torneo que gané iba de azul, pero siempre que me ponía una camisa roja parecía lograr mejores golpes. Cuando fui al U. S. Amateur de 1994 en Sawgrass no tenía ninguna camisa roja porque había olvidado llevar una, así que pensé que quizás una de color naranja funcionaría. Pasé de ir seis por debajo a ganar. Después, paradójicamente, el color de las tres universidades que me interesaban, University of Nevada, Las Vegas, Arizona State y Stanford era el rojo. En Stanford vestíamos pantalones cortos negros y camisetas rojas. Eran los colores del último día. ¿Cómo iba a discutir con mi madre? La camisa roja que llevaba en la última ronda tenía algo de negro, pero funcionaría. O eso suponía.

Cuando hice unos *putts* antes de ir al primer *tee*, pude notar la expectación que levantaba entre la gente que se había reunido allí. Todos los ojos estaban fijos en mí. Sentí que confiaban en mí. A muchas personas del público simplemente les despertaba la curiosidad, no solo por el color de mi piel, sino por cómo había jugado las tres primeras rondas y por la ventaja con la que contaba. Rebosaba confianza mientras esperaba en el primer *tee* a que pronunciaran mi nombre.

Mi golpe en el *tee* fue una réplica exacta del que había hecho en el campo de prácticas. Pasó por encima del búnker que había a la derecha y me quedé a un *wedge* del *green*. Hice dos *putts* y me mantuve en el par. No estaba estresado. No sudaba. En el segundo hoyo evité el búnker, hice un *drive* para salvarlo y la bola cayó en la pendiente. Aquello me dejó a un hierro ocho del *green*. Hice dos *putts* y conseguí un *birdie*. Era el comienzo que quería. Estar sobre el par en los hoyos tercero y cuarto consiguió que siguiera a nueve golpes de Costantino. No parecía que él fuera a cometer errores. Entonces dio un ligero golpe hacia afuera, lo que describiría como un suave golpe bajo: fue perfecto. Todos sus golpes eran firmes, pero tenía un gran colchón que no le permitiría presionarme si seguía ajustándome a mi plan. Fue extremadamente agradable jugar con él. Durante aquellas horas, me hizo gestos y asentimientos de aprobación. No sabía mucho inglés, pero sus gestos eran su forma de hablar. Ese mismo año jugué contra él el partido de individuales del domingo en la Ryder Cup y me dio una paliza.

Costantino era muy buen jugador. Los compañeros

recuerdan cuando llegó al último hoyo del Open de 1995 en St. Andrews y necesitaba un *birdie* para poder jugar la eliminatoria contra John Daly. Su *drive* no llegó al *green*, pero entonces dio un largo golpe de aproximación desde el Valley of Sin y la pelota quedó a veinte metros del hoyo. El torneo parecía acabado, pero Costantino eligió un *putter* para su tercer golpe, lo embocó y consiguió el *birdie* que necesitaba. Después de que la bola entrara, se tiró eufórico al suelo y golpeó el césped con los puños. Daly y él hicieron la eliminatoria a cuatro hoyos que es habitual en el Open. Ganó Daly, pero Costantino había acaparado la atención del mundo del golf. Su reacción ante aquel hoyo que le permitió entrar en la eliminatoria pasó a la pequeña historia de nuestro deporte. No podía pensar en nadie mejor como última pareja del Masters.

Mi primer *bogey* en treinta y ocho hoyos llegó en el quinto, en el que golpeé un *wedge* hacia el *green*: la pelota cayó en el búnker de detrás. El ritmo de mi *swing* estaba algo desacompasado y en el momento en el que conecté el golpe supe que me iba a pasar de largo. Le di mucha velocidad y la bola fue muy lejos. Moví el cuerpo hacia la izquierda nada más acabar el *swing* porque sabía que había cometido un error. Quizás estaba demasiado entusiasmado. Fue una llamada de atención porque, a pesar de sentirme calmado, también me estaba alimentando de la adrenalina de ser el líder en la última ronda. Sentía aquella fuerza en el recorrido, nunca en el campo de prácticas; necesitaba asegurarme de que Fluff y yo éramos conscientes de ello cuando elegíamos los palos.

Al mismo tiempo, podía aprovechar muy poco *green*, porque el hoyo estaba en la parte de atrás. Usé el *wedge* de sesenta grados y di un golpe tan bueno como pude.

Pero aun así me pasé tres metros del hoyo. Costantino hizo par y acortó un golpe. Iba ocho por encima de él.

Las calles estaban llenas de espectadores, que también rodeaban los *greens*. Había pasado lo mismo durante toda la semana, pero ahora sentía lo que se esperaba de mí. Oía que decían cosas como: «¡Bien jugado!» o «¡Sigue así!», además de que los oídos casi me zumbaban por los gritos de «¡Tiger, Tiger!» que se escuchaban cuando iba por las calles. Saludaba al público con un ligero toque en la gorra e intentaba no mirar a nadie directamente. Era como si estuviera viendo un retrato de miles de personas en el que no podía distinguir los rasgos de ninguna de ellas. Sabía que mi madre seguía todos los golpes, pero no la vi. Solo mide uno cincuenta, pero dudo mucho que la hubiera distinguido aunque hubiera sido más alta. Tampoco vi a Phil Knight, de Nike, ni a Lee Elder, que me siguió en los primeros nueve hoyos. A mi alrededor había una neblina de seres humanos. Solo veía el hoyo que estaba jugando y únicamente sentía los golpes que tenía *in mente*.

La bandera estaba a la derecha de uno de los niveles del *green* del sexto hoyo. ¡Qué hoyo más fantástico! Se está muy por encima del *green* y los espectadores, que no se ven, están sentados en una colina bajo el *tee*. Soplaba el viento, lo que dificultaba la elección del palo. El hoyo estaba a ciento setenta metros. Costantino, que había hecho par en el quinto, mientras yo había hecho *bogey*, lanzó primero, se quedó corto y a la derecha: soltó un gruñido. Era un jugador muy expresivo. Yo hice un golpe que me pareció muy bueno, hacia el lado derecho del *green*. Fluff pensó que no llegaría al nivel en el que estaba el hoyo. «Llega, llega», dijo mientras la bola iba por el aire. Llegó, pero no del todo, y se quedó en el borde. Tenía que hacer un *putt* colina arriba a diez metros de distancia, con la última parte en el nivel del hoyo. Tras dos *putts* hice par, mientras que Costantino hizo *bogey*, después de quedarse corto dos metros y medio con el golpe de aproximación. Volvía a llevar nueve golpes de ventaja.

No obstante, el lanzamiento con el hierro dos desde el *tee* del séptimo hoyo se fue a los árboles. Uno de los troncos estaba justo en línea recta con el *green*. Y había otros que me impedían lanzar la bola por encima para salvar los búnkeres que había delante del *green*. Vi un claro entre los árboles, pero en dirección a la calle. Hice un golpe con los sentidos. La distancia no importaba. Coloqué las manos por delante de la cabeza del palo, puse la cara ligeramente hacia dentro para darle efecto al golpe y la pelota acabó en el búnker del medio. Me había dejado un ángulo brutal hasta el hoyo y, a pesar de que di un buen golpe por encima de la pared del búnker, fue casi imposible acercar la bola al hoyo. Se quedó a dos metros y medio y fallé: *bogey* en dos de los tres últimos hoyos. El golf es así. Creía que lo tenía todo bajo control, que dominaba mi juego, pero después, sin más, todo se desvanecía. Costantino hizo par en el séptimo, por lo que volvía a estar a solo ocho golpes de mí.

No estaba preocupado, pero no perdía detalle. Pensé que el fantasma del Norman de 1996 rondaba por el campo, aunque no se había acercado del todo. Aquello me ayudó. O al menos creí que lo había hecho cuando lancé un fuerte *drive* al centro de la octava calle, frente al búnker, y en el extremo más alejado. Desde allí no podía llegar al *green*. Fluff y yo decidimos que el palo más adecuado en esa situación sería un hierro cuatro. Sin embargo, al igual que en el *drive* en el séptimo, le di efecto hacia dentro y la bola acabó en la hierba alta, a treinta metros del hoyo. Había un golpe directo, pero tenía que salvar el alto montículo que había en la línea de tiro. Lo más acertado era dar un golpe de aproximación con el *pitching wedge*, que salió tal como esperaba. La bola subió el montículo, lo bajó hacia el *green* y se quedó a un metro del hoyo. Fue un *pitch* muy difícil. Estaba intentando conectar un golpe bajo para subir la pendiente y dejar que la gravedad llevara la bola al *green*. Rebotaría hacia la izquierda antes de subir y después se enderezaría. Vi que la bola iría hacia la derecha cuando subiera la pendiente. Quería asegurarme de que superaba la pendiente y que la fuerza de la gravedad se aliaba conmigo. Me gustó ese golpe. El *putt* para *birdie* volvió a dejarme en el par del día y a nueve golpes de Costantino, que completó un par en ese hoyo.

A pesar de que había sido un *putt* corto para hacer *birdie*, noté que estaba haciendo mi juego en los *greens*. Percibí un ligero giro en la mano derecha cuando el *putter* se acercó a la bola, algo que me gustó y después disminuí. Cualquiera que estuviera mirando de cerca mi mano derecha se habría dado cuenta de que estaba cargada. Solo era un *putt* de un metro, pero seguía dando intensidad al golpe. Desde niño, siempre había sido así. Los *greens* de los campos públicos a los que iba de pequeño eran algo lentos, por lo que era importante golpear con algo de fuerza. Los del Augusta eran muy rápidos, pero quería darle ese tipo de impacto. No sabía hacer un *putt* de otra forma. El ritmo de los *putts* que lanzaba estaba bien, tal como me demostró el que hice a un metro en el octavo. En los *greens* del Augusta era importante mostrar decisión, y con eso me refiero a elegir la línea que determinará la velocidad y asegurará que no haya fallos en el momento del impacto. La cabeza del *putter* ha de pasar por la bola, acabar relativamente alta y recta, hacia la dirección que se haya elegido. Eso es lo que hice cuando emboqué a un metro de distancia.

Con el golpe desde el noveno *tee* llegué a trece metros de donde quería dejar la pelota, porque la bandera estaba a la izquierda del *green*, detrás de un empinado búnker que había en la parte frontal izquierda. Estaba directamente entre el hoyo y yo, pero no iba a jugar al hoyo. Había ocho metros de distancia, pero mi objetivo estaba a trece metros a la derecha. Lancé y me quedé a un *putt* del *birdie*, a tres metros y medio. Hice tres ensayos al lado de la bola y golpeé con el *putter*. El golpe se quedó corto, por lo que hice par con 36 en los primeros nueve hoyos: tenía una ventaja de nueve golpes sobre Costantino para los nueve siguientes. Mi plan estaba funcionando, sobre todo si se tiene en cuenta que había hecho trece bajo par en los últimos nueve hoyos de las tres primeras rondas.

Había jugado sesenta y tres hoyos; quedaban otros nueve. Cincuenta y cuatro hoyos antes estaba en el décimo *tee*, cuatro sobre par después de hacer 40 en los primeros nueve hoyos. Habían pasado tres días y estaba a diecinueve bajo par. Todo había comenzado con el corto recorrido que había hecho del noveno *green* al décimo *tee* el jueves, cuando pensé en cómo había sido mi *swing* en Isleworth una semana antes y había hecho 59. Habían cambiado muchas cosas, pero mi trabajo no estaba terminado, aún me quedaban nueve hoyos. Del noveno *green* al décimo *tee* se me pasaron por la cabeza unos pensamientos muy diferentes a los que había tenido el jueves, relacionados con el *swing*, porque tenía que cambiar lo que estaba haciendo mal.

En ese momento pensé en mi padre, que estaba viendo el partido en casa porque no se sentía lo suficientemente bien como para seguirme por el campo. Pensé en mi madre, que sabía que estaba cerca, como en todas las rondas de torneos que había disputado desde que era niño. Imaginé a Lee Elder y al abuelo Charlie, a Ted Rhodes; todos los que me habían allanado el camino pasaron por mi cabeza. No intenté librarme de esos pensamientos: me hacían sentir bien. Eran pensamientos dulces y cálidos que me alegraban. Por fuera seguro que parecía muy concentrado, y es verdad que lo estaba. Sin embargo, también era capaz de disfrutar del momento, de apreciar lo que estaba sucediendo, de agradecer a la gente que había estado allí antes que yo y me había acompañado durante mi viaje. Pensé en la cantidad de veces que mi padre había caminado a mi lado, cuando su salud todavía se lo permitía y quería que yo supiera que estaba allí. Era mi protector y, al igual que mi madre, mi profesor. Hubo muchas veces en las que estuvo entre el público en algún humilde torneo local en el sur de California, en un U. S. Junior, en un torneo universitario o en un U. S. Amateur. Cuando quería que supiera que estaba allí, para asegurarme de que estaba a mi lado sin importar cómo lo hiciera, gritaba: «¡Sam!». Sabía que era él por el timbre de su voz. También utilizaba ese nombre fuera del campo. Siempre me hacía sonreír.

El jueves, en el décimo hoyo, elegí un hierro dos para hacer el *tee* de salida. En las primeras tres rondas había utilizado ese palo o una madera tres, y pensé que llegaría hasta la colina porque estaba haciendo un buen *swing*. Sentía un *swing* equilibrado. Pero no golpeé con el hierro dos como quería y la pelota no aprovechó la ladera de la calle, que la hubiera llevado hasta el fondo. Me quedé a doscientos metros del hoyo; desde allí quería colocar la bola debajo del hoyo. No me importaba a qué distancia quedara. Lo único que no deseaba era pasar el hoyo o llegar al *green*. Utilicé un hierro cinco y la pelota llegó a doce metros del hoyo, que estaba en la parte izquierda del *green*, su posición habitual en domingo.

Había visto el vídeo de los dieciocho metros que había lanzado Ben Crenshaw en el décimo hoyo en la última ronda del Masters de 1984 hacia esa misma bandera. Ben, que había empezado la última ronda dos golpes por debajo de Tom Kite, hizo 68 y ganó por dos golpes a Tom Watson. Ben es un jugador emocional y creía que había un roce del destino en el *putt* que le ayudó a ganar su primer Masters. También lo ganó en 1995, una semana después de que su entrenador de toda la vida y amigo Harvey Penick muriera. Ben y Tom Kite habían portado el féretro en el entierro en Austin, Texas, el miércoles anterior a la primera ronda del Masters. Después lo ganó, a pesar de no haber jugado bien ese año. Quizá Bobby Jones tenía razón cuando escribió que hay momentos del torneo que parecen indicar que un jugador está predestinado a vencer el campeonato.

El *putt* al que me enfrenté en el décimo hoyo era todo un desafío. Tenía que lanzar la bola desde unos tres metros y medio a la derecha del hoyo y dejar que la pendiente la llevara hacia allí. Ni siquiera los ojos de una persona de veintiún años conseguían ver el hoyo; Fluff tuvo que sujetar la bandera. El *putt* rodó y rodó, y acabó a un metro del hoyo, que no era lo que deseaba. Desde esa distancia estaba lo suficientemente cerca, pero cuesta abajo hacia el hoyo. Me puse en cuclillas, en la postura de un receptor de béisbol, coloqué las manos a ambos lados de la cara y estudié el *putt*. No se podía dar por hecho. En el Augusta nada se da por hecho. Me coloqué, hice los tres movimientos de ensayo, moví los pies en el suelo como siempre hago y adelanté las manos para empezar el golpe. Emboqué el *putt* y me fui hacia el undécimo *tee*, que estaba a pocos metros del *green*.

Me gustaba que los *tees* y los *greens* del Augusta estuvieran cerca. Era lo que Bobby Jones y Alister MacKenzie querían hacer cuando diseñaban campos *links* en el interior. Los *greens* y los *tees* del Old Course y de todos los campos *links* están tan cerca que a veces un jugador puede salir de un *green* y estar en el siguiente *tee* en cuestión de segundos. Pero ese rasgo del Old Course y del Augusta National estaba desapareciendo. Conforme las pelotas y los jugadores llegaban más lejos, se cambiaron algunos de los *tees* y había que dar una caminata hasta ellos.

Mi lanzamiento desde el *tee* del undécimo salió como quería, a buena distancia y a la derecha. Rodó un buen trecho. El terreno se estaba secando después de la lluvia que había caído por la noche y noté que se acercaba un frente frío. Tenía un golpe ideal hasta la bandera, que estaba en la parte izquierda frontal del *green*, a pocos pasos del agua. Mi plan era lanzar a la derecha del hoyo, eso lo tenía claro, pero no era el momento de atacarlo, aunque solo estaba a ciento veinte metros. Usé un *wedge* y la bola quedó a trece metros. Emboqué el *putt* de *birdie*; levanté el brazo izquierdo y el *putter* cuando la pelota cayó. Tenía una ventaja de diez golpes.

Fluff y yo recorrimos los pocos metros que había hasta uno de los hoyos con par 3 y con uno de los entornos más intrigantes del recorrido. Había miles de patrocinadores (me cuesta utilizar esa palabra para referirme a los espectadores, no me sale de forma natural) detrás del *tee*, que parece estar en la propia calle. Forma parte del terreno y apenas está elevado. Cuando se mira desde allí a través del arroyo Rae hacia el duodécimo *tee*, por el rabillo del ojo se ve el decimotercer *tee* detrás, a la derecha del *green*. Allí no va nadie, a excepción de los jugadores, los *caddies* y los árbitros. Se deja un lugar en el que se reúne mucha gente para ir a otro sitio que prácticamente está vacío. Aquel cambio me pareció surrealista la primera vez que lo experimenté, en el Masters de 1995; siempre he sentido lo mismo en ese rincón del recorrido.

Al mismo tiempo, los espectadores que se reúnen detrás del duodécimo *tee* son como el resto de las personas que van al Masters. No hay otro torneo en el que el público sea tan respetuoso con los jugadores o en el que el silencio sea tan imponente mientras se juega. Hubo aplausos mientras iba hacia el *tee*, pero cesaron en cuanto subí a él y me preparé para lanzar. Recibí una prolongada ovación, con todos los espectadores en pie, en cuanto eché a andar hacia el *tee*; correspondí con sonrisas, saludos, inclinaciones de gorra... Coloqué el *tee* y la bola antes de situarme a la izquierda, donde Fluff y yo discutimos sobre el lanzamiento. La bandera estaba en la parte derecha del *green*, más allá del borde del búnker. No quedaba cerca de mi objetivo: a la izquierda, para evitar el búnker.

El golpe desde el duodécimo *tee* es uno de los más exigentes y confusos en el golf, por culpa del viento y de la ubicación del *green*, al otro lado del arroyo Rae y con árboles detrás. No es un golpe sencillo. Me coloqué en el *tee* y comprobé el viento. Era difícil de creer, incluso después de haber participado dos veces en el Masters, pero es verdad que las banderas del undécimo y duodécimo *green* parecían ondear en direcciones opuestas. O una estaba caída mientras la otra no paraba de moverse.

Un año estuve allí en la última ronda con Davis Love. Las banderas del undécimo y duodécimo *green* se agitaban y el viento silbaba con fuerza. Davis decidió utilizar un hierro seis y golpear con suavidad para no dar efecto al golpe. Lanzó y la bandera del *green* bajó y se quedó quieta. Miré a la del undécimo y seguía moviéndose sin parar hacia nosotros. La bola de Davis salvó el búnker y cayó en los arbustos que había detrás del *green*. «Vale, ¿qué se supone que debo hacer?», me pregunté. Saqué un hierro seis y lancé con suavidad yo también. De repente, vi ondulaciones en el agua, lo que indicaba que el viento volvía a soplar de cara. La bola se frenó y aterrizó en la parte delantera del búnker. Yo estaba en la pendiente que daba a la bandera que había en la parte trasera a la derecha. El lanzamiento desde el *tee* del duodécimo hoyo es complicado: hay que sincronizar el *swing* con el viento y tener suerte.

Apunté a la lengua del búnker con la idea de intentar un lanzamiento recto con efecto hacia la derecha con un hierro nueve. No conseguí que saliera hacia la izquierda con el hierro nueve y llegara al *green*, por lo que tuve que darle efecto a la derecha para lanzarla allí. Aquello me alejaría de la bandera y me distanciaría mucho a la izquierda o me dejaría al nivel. Ese era el lanzamiento. Le di más efecto del que pretendía, pero no iba a hacer un golpe difícil con un hierro ocho para intentar darle efecto a la izquierda desde allí. No quería complicarme la vida con ese tipo de golpe. Mi idea era lanzar la bola a la izquierda, esperar que adquiriera efecto a la derecha y confiar en que se acercara lo más posible. Me coloqué y lancé. Bebí un poco de agua. Fluff y yo cruzamos el puente Hogan muy tranquilos y en silencio. Si existe un lugar en algún campo de golf que se parezca más a un refugio que esa zona del Augusta National, yo no lo he encontrado. En el *green*, mientras el grupo que iba delante de nosotros jugaba en el decimotercer *tee*, se oía el nítido sonido de un jugador golpeando una pelota de balata con el centro de un palo de madera de caqui. Así de silencioso era el duodécimo *green*.

Dos *putts* después, hice par y me fui de allí. Había empezado el Amen Corner (el undécimo, duodécimo y decimotercer hoyos) con un *birdie* y otro en par, e íbamos al decimotercer *tee* en un rincón del recorrido. Costantino había jugado el décimo, undécimo y duodécimo con uno sobre par, por lo que le había sacado otros dos golpes de ventaja. Estaba a once golpes de él; después de golpear una madera tres y un hierro seis en el decimotercero para hacer un *birdie* con dos *putts*, a doce. Volví a golpear una madera tres en el decimocuarto *tee* y un *sand wedge* en el segundo golpe. En la parte trasera izquierda del *green* hay un tablero, y lo utilicé. La bola quedó a dos metros y medio. Conseguí otro *birdie*. Estaba a tres bajo par en la ronda y a dieciocho bajo par en el torneo. Con todo, en el decimoquinto y el decimosexto había agua y no quería perder la concentración.

Después de los nueve primeros hoyos, Lee Elder se fue a la sede del club, desde donde vio varios hoyos. Volvió para verme hacer *birdie* en el decimocuarto. Jerry llevó a mi padre cuando estaba haciendo el decimoquinto, y este fue a la marquesina de los jugadores antes de ver el partido en un monitor de televisión detrás del decimoctavo *green*. Yo todavía estaba jugando y a él ya le estaban entrevistando. Estaba emocionado. Le preguntaron qué tal lo estaba haciendo en el recorrido: «Espléndidamente. Es la culminación de mucho trabajo duro, de años y años de entrenamiento y de sueños.

Ahora se han hecho realidad», contestó. Cuando le preguntaron cómo se sentía, respondió: «Muy orgulloso».

En ese momento, yo estaba en el decimoquinto *tee* intentando dar un fuerte efecto hacia la derecha. Para entonces ya me había calmado bastante y me había puesto un jersey, rojo, por supuesto. Me atasqué al bajar —el habitual problema de las caderas adelantándose a los brazos— e hice un *drive* muy a la derecha. Desde allí golpeé un hierro cuatro a la derecha de la derecha, a la derecha incluso del búnker que había a la derecha, y me quedé corto en el tercer golpe porque no conseguí llegar al *green* desde allí. Hice un golpe de recuperación para conseguir estar en el par y emboqué a casi dos metros de distancia.

Solo faltaba otro hoyo con agua. El golpe desde el decimosexto *tee* me dejó a un lejano *putt* que tenía que hacer con un ángulo casi de noventa grados. Curvé el golpe y me quedé a un metro del hoyo. Emboqué ese *putt* y por primera vez pensé: «A partir de aquí estoy a salvo». Llevaba una ventaja de doce golpes y podía ganar. Hice par en el decimoséptimo y me quedaba otro hoyo para ganar el Masters. Entonces, mientras hacía el *swing* en el decimoctavo *tee*, un fotógrafo sacó dos fotos de mi *backswing*. Me desconcentré e hice el golpe con efecto hacia dentro, muy a la izquierda de la calle. Podía dar varios golpes más, por lo que no me preocupé. Además, el *drive* había ido a la izquierda y no a la derecha, hacia los árboles. Los espectadores me hicieran sitio: podía intentar un lanzamiento limpio hacia el *green*.

Pero ¿dónde estaba Fluff? No lo vi cuando llegué a la pelota. Estaba en la calle haciendo su trabajo, intentando hacer la medición. Había que ser un matemático para triangular la distancia, porque la pelota estaba muy a la izquierda. Pero Fluff me dio un número. Lo había llamado y había mirado a un lado y a otro para intentar localizarlo. Los espectadores me imitaron y gritaron: «¡Fluff! ¡Fluff!». También busqué a Costantino para averiguar quién estaba más lejos: ¿quién debía lanzar primero? Él estaba más cerca, pero jugó antes que yo, cosa que no me importó; además, era lo adecuado para no estancar el juego. Me encontraba a ciento veinte metros del hoyo, que estaba detrás del búnker que había en la parte delantera izquierda del *green*. Los aficionados formaron dos filas desde la bola al *green*. Lee estaba cerca del *green*. Mi madre estaba detrás, con mi padre, de pie para intentar verme después de haber hecho el golpe, que acabó en la parte izquierda del *green*. Mi padre sonrió y mi madre aplaudió cuando salí de la multitud con la gorra en la mano derecha y el *putter* en la izquierda. No me puse la gorra, sino que la levanté al aire junto al *putter* con la mano izquierda. Cuando llegué al *green* Costantino aplaudía y mi madre movía la cabeza como diciendo: «Mira lo que está haciendo mi hijo».

Intentaba disfrutar mientras subía la colina, pero enseguida me di cuenta de que había dejado el segundo golpe en un lugar nada bueno del *green*. Ni siquiera sabía si había entrado en él hasta que avancé un poco más en la cuesta; el público se había interpuesto cuando la bola estaba a punto de aterrizar. Los espectadores aplaudieron como si hubiera alcanzado el *green*, pero no estaba seguro. Sabía que había lanzado un poco a la izquierda. Pero después la vi en el *green*. No tenía un *putt* fácil. Me enfadé por haberme dejado un *putt* que no había hecho nunca. Conocía todas las trayectorias del recorrido, excepto esa, porque nunca habría pensado que acabaría allí.

A pesar de todo, Fluff y yo sonreíamos cuando me preparé para hacer el *putt*. Costantino estaba más cerca, pero tuvo la consideración de lanzar primero, a nueve metros a la derecha del hoyo. Dejó la bola a menos de un metro, pero falló el *putt*. Tenía dos *putts* para acabar con 270 y batir el récord que había establecido Jack Nicklaus en el Masters de 1965 y que Ray Floyd había igualado en 1976. Sabía que existía ese récord y quería batirlo. Pero estaba concentrado en el *putt*. No había hecho tres *putts* en todo el torneo y no quería acabar haciéndolos en el último *green*. El problema era que nunca había practicado ese en concreto: conforme me acercaba, miraba la línea y después la pelota. Me enfrentaba a otro desafío, embocar con dos *putts*.

Había estado compitiendo en torneos durante más de quince años (aunque hacia apenas poco que había dejado de ser un crío). De lo que más disfrutaba era de la sensación de estar al límite. Me gustaba el trance de que todo estuviera en juego. Me encantaba que me quedara un *putt* para ganar. Lo llevaba dentro. Me divertía. Si estaba disputando un torneo de setenta y dos hoyos, había hecho un maratón de cuatro rondas para llegar a un punto, que podía hundirse en un golpe. ¿Qué niño no lo ha hecho en un recorrido o haciendo un *putt* en un *green*? Todos lo habíamos hecho. En ese momento, como profesionales, teníamos que vivirlo. Había ganado el Masters, eso era evidente. Pero quería dejarlo con dos *putts*. Es odioso cometer un error en el último *green*, sin importar cuantos golpes se hayan hecho.

Tres años después llevaba una ventaja de diez golpes en la última ronda del U. S. Open de 2000 en Pebble. Mi objetivo ese día era no caer en ningún *bogey*. Adopté la actitud de no hacer uno y lo conseguí durante los primeros quince hoyos.

La forma en que jugué el decimosexto hoyo aquel día en el Pebble fue otro ejemplo de cómo pensaba en el decimoctavo *green* del Augusta. En el Pebble, al igual que en el Augusta, no sabía qué diferencia de golpes llevaba respecto a los otros jugadores. Era consciente de que iba ganando, pero en ese momento me importaba bien poco. De lo que se trataba era de no hacer un *bogey*, al igual que cuando estaba en el septuagésimo segundo *green* del Augusta lo que no quería era hacer tres *putts*. En el Augusta lograría mi objetivo y, tres años después, también en el Pebble. El decimosexto *green* del Pebble me parecía enorme. Hice el segundo golpe hacia allí desde el primer corte de hierba alta. Fallé por mucho, en el único lugar en el que no debería de haberlo hecho, porque la bandera estaba en la parte trasera del *green*. Volví a caer en la hierba alta y di un golpe de unos trece metros, intentando suavizarlo lo más posible. No me di cuenta de que la tierra estaba seca, la cara de la cabeza rebotó y la bola quedó a cuatro metros y medio del hoyo. Hice un *putt* curvado de derecha a izquierda. Me alegré mucho cuando la bola cayó, porque había estado diciendo todo el día: «No voy a hacer *bogeys*. Hoy no voy a hacer ningún *bogey*». Hice par en el hoyo y gané por quince golpes. Pero, además de ganar, al menos en ese momento, me llevé una gran alegría por haber hecho ese *putt* y haber llegado a la última ronda sin *bogeys*.

No podía hacer tres *putts* en el decimoctavo hoyo para acabar el Masters. Simplemente, no podía. Aquel *putt* tenía tres curvas, quizá cuatro. Al salir de la hondonada empezó a ir hacia la izquierda e inmediatamente vi que iba a seguir hacia la derecha al cabo de unos cuarenta centímetros. Al mirar desde la bola hacia el hoyo, en la parte derecha de la hondonada, vi que esa ligera inclinación la llevaría hacia la izquierda y después continuaría hacia la derecha; bajaría la pendiente y seguiría yendo más a la izquierda. Hice todas esas lecturas. Llegué allí con el primer *putt*, pero no al punto que quería, y no fue tan a la derecha en la parte central como había esperado.

El golpe a metro y medio para estar en el par (y no hacer tres *putts*), fue horrible, porque tuve que empezarlo desde fuera del hoyo. No habría sido difícil si hubiera podido mantenerlo dentro. Pero tuve que convencerme de empezar ese corto y rápido *putt* desde fuera del hoyo y confiar en lo que había visto. Iba a empezarlo desde fuera del hoyo y a asegurarme de que tenía lo que siempre busco, velocidad en el hoyo. La tuvo y la bola cayó justo en el centro. Reaccioné lanzando un gancho al aire con el brazo derecho. Había ganado por doce golpes y había batido el récord del Masters de menor número de golpes en el torneo. Tom Kite hizo setenta en la última ronda y acabó segundo.

Fluff y yo nos dimos un abrazo en el *green*; al poco me abrazó mi padre y me eché a llorar. No lo hago casi nunca. Pero, en ese momento, sí. Mi padre había tenido una línea plana en el monitor cardíaco hacía unos meses. Casi lo perdimos. Y allí estaba, con mi madre detrás, en el decimoctavo *green*. Cuando nos abrazamos, mi padre me dijo: «Te quiero, estoy muy orgulloso de ti».

Aquellas palabras se repitieron en mi mente durante muchos años y siguen haciéndolo. Las recuerdo continuamente. Siempre apreciaré y jamás olvidaré los abrazos de mis padres en el decimoctavo *green*, en el momento en el que gané mi primer Masters. Si mi padre no me hubiese dado ese consejo sobre los *putts* la noche anterior a la primera ronda, seguramente la semana no habría acabado como lo hizo. En aquella ronda inicial hice unos *putts* que me dieron fuerzas, y en los últimos nueve hoyos di algunos golpes que me reforzaron aún más. Después, de repente, los *putts* y el resto de mi juego se unieron para generar una semana mágica. Pero esa semana no habría existido de no haber hecho bien los *putts*.

Tras firmar la tarjeta de puntuación vi a Lee Elder y le di las gracias por sus sacrificios, por lo que habían significado para el golf y por lo duro que había luchado para estar en el Masters de 1975. Tenía que ganarse un puesto en él, y lo hizo. Fue el primer golfista negro que jugó en el Masters, el año en que nací. A veces había pensado en ello.

Me llevaron a la Butler Cabin para la tradicional ceremonia televisada en la que el defensor del título coloca la chaqueta verde al nuevo ganador. Me quedaba bien. Me pregunté cómo se habría sentido Nick Faldo al tener que estar todo el fin de semana por allí después de no haberse clasificado. Pero uno no abandona el Masters por esa razón. Jim Nantz, en sus primeros tiempos como presentador de la retransmisión de la CBS, estaba allí, junto con el vicepresidente del Augusta, Joe Ford. Nantz me preguntó qué plan había puesto en práctica en la ronda y mencionó que era el primer afroamericano y asiático-americano que había ganado el Masters. Me preguntó qué significaba para mí, una pregunta que me había hecho mucha gente esa semana.

Contesté que había relacionado ese Masters con todos los jugadores negros que lo habían disputado antes que yo, con lo que habían hecho por mí: yo no era ningún pionero. Ellos sí lo habían sido. Le confesé que al ir hacia el decimoctavo hoyo había rezado una oración por ellos y les había dado las gracias. También le dije que había estado pensando en mi padre cuando había ido hacia los últimos nueve hoyos y que había pensado: «Vamos a por ello. Vamos a hacerlo».

Cuando tenía catorce años, un periodista me preguntó cuál era el torneo con el que soñaba. Contesté que el Masters; me preguntó por qué: «Después de cómo han tratado a los negros en él, no deberían participar. Si gano ese torneo, será algo muy grande para nosotros». Solo habían pasado siete años desde esa entrevista; siempre había tenido presente la historia del club que organizaba el mejor torneo y el más popular del mundo. Intenté mantener ese pensamiento en secreto cuanto pude, sobre todo durante el Masters.

Quería ganarlo y para ello tenía que dejar a un lado lo que sentía al pensar que en el Augusta se hubiera tardado tanto tiempo en invitar a un jugador negro al Masters y en aceptar a miembros negros. Tenía que jugar. No podía ir al primer *tee* y dejar que mi mente le diera vueltas a esa cuestión. Todavía tenía que dar efecto a la bola en el *tee* y ser el que menos golpes hacía. ¿Cómo iba a conseguirlo si los pensamientos que revoloteaban en mi mente se llevaban toda concentración posible? Necesitaba meterlos en un cajón y completar esos golpes. Sin embargo, al subir desde el decimoctavo hoyo y en la Butler Cabin me permití pensar en la gente que me había precedido y me había allanado el camino para poder jugar el Masters y, en realidad, jugar como profesional en circuitos.

La ceremonia de entrega del trofeo en el *green* de prácticas detrás del primer *tee* después de la presentación de la chaqueta verde en la Butler Cabin se televisó. Faldo volvió a colocarme la chaqueta. Muchos de los empleados del Augusta, en su mayoría negros, habían abandonado su puesto de trabajo y se habían reunido fuera del césped y en la veranda del segundo piso. En todos los años que había ido al Masters, jamás había visto nada parecido. Querían darme las gracias; yo deseaba que supieran lo agradecido que estaba por su apoyo. Muchos de ellos llevaban años trabajando en el Augusta y eran parte de su historia. Gané tres veces más el Augusta, pero su presencia mientras hablé en el *green* de prácticas aquella primera vez tuvo una trascendencia que no podrá repetirse. Se había derribado un muro. A lo largo del tiempo he mantenido muchas conversaciones con el personal y he dado muchos apretones de manos; las palabras que decimos y lo que hacemos cada año son muy importantes. El Masters ha significado mucho para mí. Es difícil de explicar.

Sabía que nada de todo eso implicaba que la situación en el golf fuera a cambiar espectacularmente para las minorías. Esperaba que mi victoria los animase a jugar o persiguieran sus sueños, fueran cuales fueran. Pero habría sido ingenuo por mi parte creer que mi victoria iba a representar el fin de «la mirada» cuando una persona perteneciente a una minoría entrara en un club de golf, sobre todo en los privados. Con todo, esperaba que mi victoria, y la forma en que la conseguí, hiciera mella en la forma en que otras personas ven a los negros.

Mientras hablaba en el *green* durante la ceremonia, dije que no había pensado lo suficiente sobre ese momento como para saber qué decir. Después fui al centro de prensa, pero recibí una llamada antes de entrar. El presidente Bill Clinton estaba al aparato. Contesté en una pequeña habitación junto a la zona de entrevistas. Sabía la importancia que tenía ese momento, porque me comentó que lo mejor que había visto ese día era el abrazo que nos habíamos dado mi padre y yo en el decimoctavo *green*. Hablamos un rato y después fui a la sala de entrevistas con la chaqueta verde puesta. Dije que nunca había competido en un torneo entero con mi mejor juego, pero que en esa ocasión había estado muy cerca. También comenté que esperaba que mi victoria abriera puertas a las minorías. Aunque mi mayor esperanza era que un día todos pudiéramos vernos como personas y nada más que como personas. Quería que acabaran los prejuicios raciales. Veinte años después todavía no se ha conseguido.

Después de la rueda de prensa volví a la Butler Cabin para ponerme una chaqueta y una corbata e ir a la cena con las autoridades del Masters. Nadie sabía cómo sería. Mi madre, Jerry, Mickey, Kathy Battaglia y Hughes Norton de IMG, y el doctor McClung, médico de mi padre, estaban allí. Jerry había llevado a casa a mi padre después de la ronda; cuando volvió, me trajo la chaqueta y la corbata que llevé en la cena. Nos reunimos en la Butler Cabin después de las entrevistas. Le dije a Jerry que se probara la chaqueta, pero no quiso hacerlo, dijo que era mía, que solo yo me la había ganado. Pero insistí en que se la probara porque quería que compartiera la experiencia.

Después de la cena nos fuimos de la sede del club. Alguien trajo el coche y nos apretujamos en él, con Jerry al volante y mi madre detrás. Cuando todo acabó, el Augusta se convirtió rápidamente en un pueblo fantasma. A pesar de lo animado que había estado durante el torneo, con miles de espectadores, dos o tres horas después estaba completamente vacío. Querían que volviera a ser un club lo más rápidamente posible.

Teníamos un CD del grupo de hip-hop Quad City DJ's y pusimos la canción *C'Mon N' Ride It (The Train)* a todo volumen mientras bajábamos Magnolia Lane hacia Washington Road con las ventanillas bajadas, en el Cadillac que Jerry había conducido toda la semana. Seguro que esa canción nunca se había puesto mientras alguien conducía por Magnolia Lane (o, al menos, no a semejante volumen).

Volvimos a parar en Arby's y continuamos hasta casa. Phil Knight estaba allí. Había seguido a pie la última ronda y parecía eufórico. Estaba más nervioso que mi padre. Brindamos por él y le dijimos que se fuera a la cama porque: primero, no debería haber viajado hasta el Masters en su estado; segundo, no debería estar levantado tan tarde; tercero, no se sentía muy bien y necesitaba descansar; y, cuarto, estábamos a punto de abrir todas las botellas que hubiera en la casa. No soy muy bebedor, pero había ganado el Masters y esa noche todo el mundo iba a correrse una buena juerga.

Más tarde, después de celebrarlo por todo lo alto, me quedé dormido vestido, agarrando la chaqueta verde como si fuera una manta.

10

Secuela

El lunes por la mañana, después de la última ronda, no corrí, pero sí volé.

Al despertarme al día siguiente, no me sentía muy bien. Me dolía la cabeza. Fuimos a Columbia, en Carolina del Sur, donde iba a participar en un acto benéfico. Fue un día de locos. Todo eran celebraciones y seguimos bebiendo. En el campo no había cuerdas y mientras iba caminando y jugando, no era consciente de que acababa de ganar el Masters. Tenía que cumplir con un compromiso. Seguía teniendo que jugar al golf. Empecé a volver a la normalidad durante la semana, pero hasta varias semanas después no asumí que lo había hecho por doce golpes de diferencia.

Dejamos Columbia y nos fuimos a Cancún de vacaciones, algo que tenía planeado desde antes de jugar el Masters, porque me habían patrocinado Planet Hollywood y sus Official All-Star Cafes. Lo mejor del viaje fue que estuve fuera de todos los radares. Entonces no existían las redes sociales y no leí ningún periódico. No oí la radio, lo que me permitió escapar del jaleo que se había organizado. David Letterman y Jay Leno me invitaron a sus programas, pero preferí no ir. Quería estar con mis amigos, descansar en la playa, comer, beber y divertirme tres o cuatro días. Antes de que ganara habíamos acordado que nos separaríamos durante unos días, aunque yo sí que iba a ir a Cancún. Pero después decidimos que seguiríamos juntos y que continuaríamos la celebración un tiempo, cosa que hicimos.

A finales de semana fuimos de Cancún a las oficinas de Nike en Beaverton, Oregón, y allí fue donde me enteré de lo que había pasado. Fuzzy Zoeller había hecho algún comentario a la CNN en el Augusta mientras jugaba los últimos nueve hoyos del domingo. Uno de los realizadores se fijó en los comentarios mientras revisaba la cinta y los emitió el domingo posterior al Masters en el programa *Pro Golf Weekly* de la CNN. Se montó una buena.

Esto es lo que dijo Fuzzy en el césped del Augusta cuando le preguntaron por mí: «Lo está haciendo muy bien. Es impresionante. Ese chaval está haciendo bien los *drives* y los *putts*. Está haciendo todo lo necesario para ganar. ¿Sabéis lo que tenéis que hacer cuando venga? Le dais una palmadita en la espalda, le felicitáis y le decís que lo disfrute y que no sirva pollo frito [en la cena de campeones que presidiría la noche del Masters de 1998] el año que viene. ¿Lo habéis pillado?»

Fuzzy chasqueó los dedos y se alejó de la cámara, pero después se volvió y añadió: «O col verde o lo que sirvan». Me molestó que se volviera y dijera eso. ¿A qué venía?

Me sentí decepcionado y dolido con Fuzz cuando me enteré de lo que había dicho, sobre todo si se tiene en cuenta dónde y en qué circunstancias hizo tales comentarios, cuando estaba a punto de ganar el Masters. Sabía que Fuzzy tenía muchas ocurrencias y que le gustaba bromear. No lo conocía muy bien, porque todavía no llevaba mucho tiempo jugando como profesional, pero sabía que no le daba mucha importancia a casi nada. No creí que tuviera intención de decir nada ofensivo. Pero, al mismo tiempo, pensé en por qué había dicho esas palabras precisamente en ese momento. Sus comentarios habían tenido un punto racista. ¿Importaba si lo había dicho de broma? En todo caso, no había sido nada gracioso.

¿Qué había detrás de sus palabras? ¿Cómo era posible que le rondaran esos pensamientos por la cabeza y que los expresara allí, en el Augusta? El club siempre nos había tratado con respeto a mi familia y a mí, y allí me sentía cómodo. Los miembros del Augusta eran muy susceptibles ante las acusaciones de racismo que se habían hecho en el pasado. Lo estaban dejando atrás y lo último que necesitaban era que el tema saltara a la palestra justo cuando había acabado el Masters que había ganado yo.

Me sentí confuso y enfadado, y no tenía claro qué hacer. ¿Debería contestarle? ¿Era mejor olvidarlo y no dar ninguna importancia a sus palabras? ¿Por qué tenían que pasar ese tipo de cosas? ¿Por qué tenía que permitir que sus palabras estropearan lo que acababa de conseguir? Desde un principio, mi objetivo había sido ayudar a los jugadores, y quizás a las personas ajenas al golf, a no tener prejuicios raciales. ¿No habría sido eso lo mejor que podía haber propiciado mi victoria, vernos como personas y solo como personas? Era una idea noble, quizás incluso idealista. Pero realmente pensé que podría ser, al tiempo que esperaba que mi victoria introdujera a más personas en el golf. Quizá no podía tenerlo todo. Tal vez no podían verme solo como un jugador, nada más, nada menos, y al mismo tiempo esperar que las minorías se sintieran atraídas por el golf.

La historia sobre los comentarios de Fuzzy ya había

adquirido vida propia cuando me enteré de que los había hecho. Kmart, uno de sus patrocinadores, prescindió de él dos días después de que se conociera la noticia. Recibía amenazas abominables, maliciosas. «¿Qué está pasando?», pensé. Con el tiempo llegué a conocer a Fuzzy y no cabe duda de que es divertido y desenfadado. Por irónico que parezca, jugué con él la segunda ronda del Masters de 1998. Estábamos haciendo golpes antes de las rondas, muy cerca el uno del otro. Scott Hoch intentó gastar una broma cuando preguntó: «¿Quién va a ser el árbitro?». No le hicimos caso.

Los comentarios de Fuzzy no sentaron bien a muchas personas y entiendo su punto de vista. ¿Debería haber dicho algo así? No. Lo admitió rápidamente y pidió disculpas públicamente el lunes después de que la CNN emitiera sus comentarios.

«Mis comentarios no pretendían ser racistas y pido disculpas por que se han malinterpretado de esa forma. Llevo veintidós años en el circuito y todos los que me conocen saben que soy un bromista. Es una pena que algo que dije de broma se haya transformado en algo que no lo es, pero no lo hice con ninguna intención y siento si he ofendido a alguien. Si Tiger se siente molesto, le pido disculpas a él también», dijo.

Pocos días después hice una declaración: «Al principio me sorprendió que Fuzzy Zoeller hubiera hecho esos inoportunos comentarios. Su intento de gastar una broma estaba fuera de lugar y me enfadé. Pero después de jugar con Fuzzy, sé que es un bromista y he llegado a la conclusión de que no sentía animadversión respecto a mí. Respeto a Fuzzy como jugador y como persona, y por lo mucho que ha hecho por otra gente a lo largo de su carrera. Sé que se siente mal por esos comentarios. Todos cometemos errores y ha llegado el momento de pasar página. Acepto las disculpas de Fuzzy y espero que todo el mundo se olvide de este incidente».

No había querido hacer una declaración, porque yo no había hecho nada malo. Habría preferido dejarlo pasar, pero me recomendaron que dijera algo. Imaginé que todo había acabado, pero algunas personas del PGA Tour pensaron que debería de haber hablado directamente con Fuzzy. Había intentado llamarme un par de veces, pero no le había contestado. Quería ocuparme del asunto con la declaración. Quizá debería de haber respondido antes, pero yo no había causado ese problema.

Cierta vez, Fuzz y yo hablamos del tema cara a cara mientras comíamos en el Colonial al mes siguiente de ganar el Masters. Me explicó que no había intentado atacarme en absoluto y que, cuando había hablado, estaba intentando reconocer que le había dado una paliza a todo el mundo esa semana. Pero lo dijo de forma inapropiada y frívola, y la fastidió. Le preguntaron acerca de la cuestión durante años: es el tipo de incidente que puede perseguir a alguien durante mucho tiempo. Para mí se convirtió en agua pasada a partir de la comida en el Colonial.

El martes después de ganar el Masters, el partido entre Los Angeles Dodgers y los New York Mets en el Shea Stadium se dedicó a Jackie Robinson. Robinson había derribado la barrera del color cincuenta años antes en el antiguo Ebbets Field de Brooklyn. Había ascendido hasta las categorías más altas desde los Montreal Royals y había entrado en los entonces Brooklyn Dodgers. Ese día se enfrentaban a los Boston Braves.

Cuando el domingo me llamó para felicitarme por la victoria en el Masters, el presidente Clinton me había invitado a la ceremonia. Rachel, viuda de Robinson, estaba allí, al igual que su nieto, Sandy Koufax, el director de cine Spike Lee y el comisionado de béisbol Bud Selig. Por desgracia, tuve que declinar la invitación del presidente Clinton porque me iba a coger unas vacaciones planeadas hacía tiempo, que iban a ser mejores incluso porque también mis amigos me iban a acompañar para celebrar la victoria en el Masters.

Se criticó mucho que no hubiera ido y tardé tiempo en darme cuenta de que me había equivocado. Sentí no haber acudido. Es algo que todavía me duele. Tendría que haber estado allí para presentar mis respetos. Unos años más tarde escribí una carta a la señora Robinson en la que le pedí disculpas por mi desacertada decisión. Solo habían pasado unos días desde que había ganado el Masters, pero todas esas controversias parecían tener más repercusión que mi triunfo: el incidente con Fuzzy, no ir al partido en el Shea para honrar a Jackie Robinson... Puede que solo tuviera veintiún años, pero me di cuenta de que tenía que madurar un poco.

Después de volver a casa y pasar algún tiempo a solas empecé a apreciar lo que significaba ganar el Masters. Había vencido en tres PGA Tour antes del Masters y había entrado en el Tour Championship el anterior octubre. Pero al conquistar el Masters había conseguido asegurarme el trabajo. Era el último año en el que se concedían diez años de exención en el PGA Tour al ganador. Cuando Marko ganó el Masters de 1998 solo le concedieron cinco años, porque el PGA Tour había cambiado las normas. Yo acababa de empezar en el PGA Tour y estaba exento hasta los treinta y un años. Tenía trabajo durante una década.

Nunca se sabe qué puede pasar. Cualquiera puede chocar contra un árbol y salir herido. Se puede tener un accidente dentro y fuera de un campo de golf, algo que te aleje del circuito durante un tiempo. Entonces, para recuperar el estatus es necesario pedir un certificado médico.

Pero ¿tener trabajo durante diez años? ¿Disfrutar de esa seguridad? Eso era mucho. Suponía un excelente regalo, un regalo que Mo nunca tuvo. Si el ganador del Masters hubiera tenido diez años de exención habría estado libre hasta que fuera elegible para el Champions Tour. No es fácil competir cuando se tienen casi cincuenta años, así que esa exención le habría venido de maravilla. Aquellos cinco años acabarían cuando cumpliera cuarenta y seis, lo que significaba que estaría cuatro años en el limbo hasta cumplir los cincuenta. Necesitaría tener una agenda llena para asegurarse de que ganaba lo suficiente como para mantener su estatus. Mo no podría elegir los torneos que le gustaría jugar. Por mi parte, me tranquilizaba contar con esos diez años. Podía dedicar el tiempo que fuera necesario a mejorar e incluso a cambiar mi *swing*. Y es algo que quería hacer, incluso después de ganar el Masters por doce golpes de diferencia.

El 21 de abril, ocho días después del Masters, fui a Chicago a una entrevista con Oprah Winfrey. Se emitió dos días después. Creo que era el único hombre. Oprah me sorprendió al leerme una carta que mi padre me había escrito cuando era niño y enseguida empezaron a saltárseme las lágrimas. En la carta mi padre decía: «Recuerdo cuando te dije que no pasaba nada por llorar y que los hombres lloran; que no era una señal de debilidad, sino de fuerza». Yo no solía llorar…, eso me parecía. Pero aquella carta me llegó muy adentro y no me importó hacerlo. Me estaba acostumbrando, después de haber derramado alguna lágrima cuando mi padre y yo nos habíamos abrazado hacía ocho días detrás del decimoctavo *green* del Augusta.

Oprah y yo hablamos de mi ascendencia y de que me definiera como canesiático. En Stanford, unos amigos y yo hablamos una noche sobre nuestros antepasados y se nos ocurrió el término canesiático para mí. Le dije a Oprah: «Soy simplemente quien soy, el que ves frente a ti». No creía estar faltando el respeto a los negros al reconocer mi ascendencia diferente. Al contrario, quería que todos nos viéramos como seres humanos, sin importar el color o la ascendencia étnica. Pensaba que sin los prejuicios raciales lo haríamos. Esperaba que pudiéramos vernos sin esas etiquetas que creemos tener que utilizar a todas horas.

Unas semanas después, Butchie y yo estábamos viendo unas cintas del Masters de 1997 cuando empezó a preocuparme algo relacionado con mi *swing*. El torneo Byron Nelson en Dallas, que iba a jugar por primera vez desde el Masters, estaba próximo. Me estaba preparando. Acabé ganándolo, cuatro semanas después del Masters, pero confiando en mis *putts* y en mi juego corto. Mi *swing* parecía tan descentrado que llamé a Butchie después de la tercera ronda. Se había fijado en varios detalles mientras me veía en televisión. Pensé que sería buena idea llevarlo allí para trabajar juntos. El sábado por la noche condujo cinco horas desde su casa en Houston y practicamos antes de la última ronda. El domingo me sentía más confiado, pero no había hecho ningún cambio en lo que no funcionaba.

Mientras repasaba las cintas con Butchie nos dimos cuenta de que, a pesar de que había estado haciendo el *swing* bien durante gran parte del torneo, seguía utilizando demasiado las manos y era muy espectacular a través de la bola. Mientras jugué el torneo, creí que mi *swing* era consistente y que hacía mi mejor juego. Pero, tal como empezaba a constatar, no era cierto. Mi victoria había sido el resultado de haber hecho un *swing* funcional y sincronizado en sesenta y tres hoyos, y con una sincronización tan cercana a la perfección como era posible. Mis *putts* también eran casi perfectos. Si se combina golpear la bola tanto como lo estaba haciendo con superar los hoyos con par 5 y utilizar tantos *wedges* en tantos *greens* de hoyos con par 4, sin hacer tres *putts* en todo el torneo, todo ha de salir bien.

Al estudiarlo más de cerca, me di cuenta de que las manos estaban demasiado activas a través de la bola porque estaba muy lejos de la línea en lo alto del *swing*. La varilla apuntaba demasiado a la derecha del objetivo, lo que me forzaba a dejar caer las manos un poco al llegar, para que la cara del palo estuviera en ángulo recto en el momento del impacto. Bajaba las manos delante de mí. Vi que había tenido malos momentos, pero que era capaz de evitar algunos errores. Trabajé una semana en ello, pero no creí que pudiera fiarme. Necesitaba un *swing* en el que confiar al cien por cien hasta el último hoyo de uno de los grandes y hacer el golpe adecuado. Lo había hecho bien desde que me había convertido en profesional y mi *swing* había mejorado considerablemente desde que había empezado a trabajar con Butchie hacía cuatro años, de eso no cabía duda. El control con los hierros cortos era mejor, aunque no tanto como deseaba, al tiempo que había avanzado mucho en mi *lag putt*.

Sin embargo, si quería ganar en campos que requirieran más control y cuyas calles no fueran tan grandes como las del Augusta, necesitaba mejorar la posición en lo alto del *swing*. La sensación de que era un campo que se ajustaba perfectamente a mi juego quedó patente cuando vi por primera vez el Augusta en 1995. Había otros tres grandes que quería ganar. Necesitaba reforzar mi *swing* si quería tener alguna posibilidad de ganarlos. La sincronización me sirvió de mucho en el Augusta, pero no podía confiar en esa sincronización semana tras semana y, en concreto, en el U. S. Open, el Open Championship y el PGA Championship.

Se me criticó mucho por querer cambiar un *swing* que había ganado el Masters de forma tan decisiva. Pero no me importaba haber ganado por doce golpes ni que se hicieran esas críticas. Sabía lo que tenía que hacer, Butchie sabía lo que tenía que hacer y, sobre todo, quería hacerlo. Progresé trabajando con el *swing*. Pasaba horas en el campo de prácticas. En un día de prácticas normal lanzaba seiscientas bolas, trabajaba el juego corto y los *putts*, y a veces jugaba solo. E iba al gimnasio dos o tres horas. Era la vida que quería. Me alimenté de las multitudes en el Augusta y estaba muy agradecido por el apoyo que había recibido, sobre todo el domingo cuando iba caminando con Fluff. Pero habría jugado el Masters aunque no hubiera habido nadie.

Continué trabajando. Me agoté en el campo de prácticas, pero me encantaba trabajar duro en el *swing*. Siempre me ha gustado pasar horas y horas en el campo de prácticas o estudiar vídeos de mi *swing*. Lo hacía con un objetivo *in mente*: conseguir lo mejor de mí mismo. No jugaba por los trofeos. Lo hacía por encontrar la respuesta a una pregunta: ¿hasta dónde puedo llegar? Supongo que buscaba la perfección, aunque en el golf es inalcanzable, excepto en periodos cortos. Quería tener un control absoluto de mi *swing* y, por lo tanto, de la bola.

Me costó dieciocho meses conseguir que ese *swing* fuera mío, poseerlo, y con eso me refiero a sentirlo natural y no forzado. En julio de 1997 gané el Western Open, pero no porque estuviera haciendo el *swing* en el que estábamos trabajando, al menos no de forma constante. Simplemente conseguí unos buenos golpes y jugar lo suficientemente bien como para ganar. Pero estaba reforzando mi *swing* y mi confianza. Estaba implantando muchos cambios y a la vez intentando jugar a un alto nivel. Estaba logrando finalizaciones excelentes, pero necesitaba ser más constante con el *swing*. Lo conseguí en dos hoyos, después en cuatro, luego en diez, posteriormente en toda la ronda, en treinta y seis hoyos, en cincuenta y cuatro y, finalmente, en todo el torneo. Pero no volví a ganar hasta el BellSouth en Atlanta en mayo de 1998. Fue un ciclo de dieciséis torneos del PGA Tour en los que todas las semanas me decía a mí mismo que continuara con lo que estaba haciendo.

Ahora veo por qué me machacaban por hacer cambios, pero conocía mi juego mejor que nadie y las sesiones de entrenamiento, algunos golpes y algunas rondas me habían reafirmado en la idea de que debía seguir creyendo que lo estaba haciendo bien. Estaba pensando a largo plazo.

Finalmente, cuando comenzó la temporada de 1999, sentí que lo tenía. Había incorporado los cambios y arrasé. Ese año gané el PGA Championship y siete torneos más, incluidos seis consecutivos. En el 2000 gané el U. S. Open, el British Open y el PGA Championship. Cuando conquisté el Masters de 2001, había ganado cuatro grandes seguidos. La gente lo llamó el *slam* de Tiger; para mí fue el gran *slam*, porque fueron consecutivos.

Habían pasado cuatro años desde que había ganado el Masters de 1997. Tenía veinticinco años y estaba deseoso de mejoras y victorias. Había ganado seis grandes y quería más. Ansiaba más porque me gustaba competir. No me importaba con quién fuera o por qué. Quizá por eso me entusiasmé cuando jugaba contra Jerry al tenis de mesa o en Mortal Kombat en casa, la semana que gané mi primera chaqueta verde. Quería notar la descarga de adrenalina de la competición y sentirme realizado. Me gustaba llevar a la mente y al cuerpo al límite. Para mí era divertido. Me calmaba. Me sentía tranquilo y cómodo cuando tenía que hacer un golpe al final de uno de los grandes en los que competía o iba a ganar. Cuando se tiene la oportunidad de ganar uno de los grandes, la sensación es muy relajante. Para estar en esa situación en la última ronda del Masters de 1997, tuve que jugar bien. ¿Por qué no iba a sentirme relajado? No era que hubiera estado lanzando a cualquier parte, pasando apuros o intentando encontrar mi juego. Estaba jugando muy bien. En uno de los grandes, más que en el resto de los torneos, si se es líder en la recta final, hay que jugar muy bien.

El 10 de diciembre de 1997 pasé el día con una docena de periodistas en el Bay Hill, en Orlando. Había decidido, junto con mi equipo, que sería buena idea conocer a algunos de los mejores periodistas de golf y que ellos me conocieran a mí. Había cometido errores, como no ir el día del homenaje a Jackie Robinson. Me había desahogado con algunos periodistas después de alguna mala ronda porque no entendía por qué tenían que hablar conmigo si había jugado mal. Esperaba tener una larga carrera, por lo que me pareció muy acertado pasar un día con periodistas, lejos del mundo de los torneos. Estaba intentando encontrar el equilibrio entre el introvertido que era (y sigo siendo) y las responsabilidades que tenía con los medios de comunicación y el público en general, que empezaban a abrumarme. No podía cambiar mi personalidad —nunca seré Lee Trevino, siempre hablador, al igual que él no podrá ser como yo—, pero quizá podía intentar abrirme, al menos en un entorno relajado como el de Bay Hill.

Durante un torneo era imposible. Las mañanas que tenía que jugar una ronda en ellos, ni siquiera me gustaba hablar con mi familia o mis amigos. Necesitaba entrar en el modo torneo, en mi burbuja. Volví a pensar en Greg Norman el domingo del Masters de 1996 en el que llevaba una ventaja de seis golpes sobre Nick Faldo al comienzo de la última ronda. Posteriormente dijo que aquella mañana se sentía bien y que había hecho sus acostumbradas rutinas antes de la ronda. Pero mientras veía los vídeos de ese torneo, me fijé en que parecía nervioso y que cometió varios errores. En el Bay Hill comenté que los golfistas que juegan muy bien en los circuitos no hablan antes de una ronda. Están concentrados en lo que tienen que hacer. Necesitan una calma interior; no hay energía nerviosa que necesiten dejar escapar.

Habían transcurrido ocho meses desde que había ganado el Masters y empezaba a ver con otra perspectiva lo que había pasado desde entonces. No había hecho gran cosa en el U. S. Open, el British Open o el PGA Championship. A comienzos de verano, justo antes del U. S. Open me bloqueé mentalmente. Había ganado el Masters, después el Nelson e iba a disputar el Colonial en Fort Worth la semana siguiente. El Western fue el último torneo que conquisté ese año, en julio.

Al mismo tiempo, mi vida estaba cambiando, a pesar de que intentaba que no lo hiciera. Necesitaba entender qué estaba pasando para poder seguir compitiendo en el nivel más alto. No contaba con la fortaleza mental suficiente como para disputar el U. S. Open; al poco, me abandonó mi fuerza física. Noté que, después de jugar en muchos más torneos de los que había disputado en la universidad, aquel ritmo me estaba vaciando. Y no iba a dejar que siguiera pasando.

El jueves de la semana del Masters de 1998 fui el anfitrión de la cena de campeones. Tuve que elegir el menú y decidí servir lo que elegiría un joven de veintidós años: hamburguesas con queso, sándwiches de pollo, patatas fritas y batidos. Byron Nelson se sentó a mi derecha. Teníamos los cubiertos en las manos y hablábamos acerca de cómo sujetar el mango del palo y sobre el agarre. El señor Nelson comentó cómo lo hacía en 1935 y que en 1940 ya había cambiado la forma de hacerlo. Le dije que siempre hacía un «agarre mortal» y me dio una palmada en la rodilla. Lo miré y dije: «¿Qué?» riéndome. ¿Qué intentaba decirme? «Sigue haciéndolo», añadió.

Me encantaba estar en la cena de campeones. Con el tiempo me fijé en que todo el mundo se sienta en el mismo sitio. Los jugadores de otros países suelen hacerlo cerca de Gary Player. En el lado de la mesa en el que yo estaba, se sentaban Marko, Jack y Arnold —los echaremos de menos—, Freddie y Raymond junto a ellos, y Watson un poco más allá. Fuzzy y Sam Snead estaban frente a mí y siempre competían por ver quién era el que contaba el chiste más subido de tono. Gastaban bromas sin parar. Normalmente, Sam hacía el gesto de dejar caer el micrófono. Era el mejor de todos. Cuando murió, Fuzzy recogió el testigo y es el que cuenta el chiste de dejar caer el micrófono.

La primera vez que fui a esa cena me pareció un foro abierto, y así ha seguido siendo desde entonces. Todo el mundo puede decir lo que quiera. Se han compartido grandes historias que nadie repetirá. También hemos tenido discusiones y hemos hablado de lo importantes que han sido el Masters y el Augusta en nuestras vidas. Después se guarda la chaqueta verde en la taquilla y no se vuelve a utilizar hasta la cena del año siguiente, o si se gana esa semana.

Marko tenía cuarenta y un años cuando ganó el Masters de 1998, su primera victoria importante. Había estado a su lado para convencerle de que todavía podía ganar uno de los grandes desde que nos vimos en Isleworth y me alegré mucho al ponerle la chaqueta verde. También ganó el Open del Royal Birkdale tres meses después. Me dijo que no habría ganado el Masters de no haberle animado. Me alegré de oír eso. Ahora iremos a las cenas de campeones el resto de nuestras vidas.

He ganado el Masters cuatro veces, el PGA Championship otras cuatro, tres veces el Open Championship y otras tantas el U. S. Open. Resulta difícil creer que me he pasado más de media vida en el Augusta. No sé si jugaré el Masters tantas veces como Gary, que lo disputó en cincuenta y dos ocasiones, o como Arnold, que lo hizo en cincuenta. Pero ¿quién sabe? Siempre disfruto cuando bajo por Magnolia Lane. Quizá pondré *C'mon N' Ride It (The Train)* por los viejos tiempos. Nunca se sabe.

11

Cambios en el Augusta National desde 1997

El Augusta National en el que jugué en 1997 no es como el campo de hoy en día. Todo empezó a cambiar en el Masters de 2002, cuando Hootie Johnson, presidente del club, decidió que debía ampliarse porque los jugadores lanzaban cada vez más lejos, gracias a las mejoras en los equipos, en especial en las bolas. Pasó de 6.330 metros a 6.590, pero eso no fue lo único que influyó en cómo se juega en el campo. No sé si los cambios (obra de Tom Fanzio, el arquitecto asesor del club) respondieron directamente a lo corto que había sido para mí en los cinco años anteriores. En alguna ocasión oí decir que lo harían: «A prueba de Tiger».

El campo había sido ancho desde que se inauguró, porque así lo querían Bobby Jones y Alister MacKenzie. El objetivo de los *drives* es lanzar la bola al sitio adecuado en las calles, para tener el mejor ángulo hacia los *greens*, en función de la colocación de las banderas. Pero debido a la anchura de las calles y a la falta de hierba alta, los jugadores nunca estaban muy preocupados a la hora de lanzar desde los *tees*. Si se fallaba en una calle, siempre se podía hacer un lanzamiento desde las agujas de los pinos; había sitio entre los árboles. Gary Player lo explicó así antes del

Masters de 1965 que ganó Jack Nicklaus: «En el Augusta lo único que hay que hacer es ir al *tee* y lanzar donde quieras. Nunca se tienen problemas, las calles son muy anchas». Player ganó los Masters de 1961, 1974 y 1978.

Conforme mejoraban los equipos, el Augusta National fue quedándose pequeño para la mayoría de los jugadores. El Augusta se dio cuenta de que tenía que hacer algo para asegurarse de que utilizábamos los mismos palos que habían usado siempre los jugadores en el Masters; quería tener un campo competente en la era de los lanzamientos a grandes distancias. Hootie comentó que el objetivo del club era «Mantener el campo de golf al día». Lo entendí, pero no estaba del todo de acuerdo con la idea de hacer un campo «a prueba de Tiger». El club aseguró que los cambios no solo se llevaban a cabo por mí. La tecnología empezaba a influir mucho en el juego. Iba por delante de la capacidad de la USGA y el R&A para regularlo. Alargar el campo era una cosa, pero no resultaba fácil entender por qué el Augusta pensó que era necesario cambiar otras cosas, como añadir hierba alta, el «segundo corte». También incorporó árboles, que estrecharon los corredores y mermaron los valores estratégicos que Bobby Jones y Alister MacKenzie habían aportado a las características esenciales del campo.

Mi estrategia en 1997 se basó en tres factores: la distancia, la falta de hierba alta y que prácticamente no hubiera árboles que intervinieran incluso si se fallaba en las calles. El Augusta National estaba realmente abierto de par en par para mí. La anchura (y no solo en las calles, gracias a la falta de hierba alta y a la relativa ausencia de árboles que impidieran el progreso hacia los *greens*) me ayudó a conjugar el golf a larga distancia con el golf estratégico.

La primera intención de Jones y MacKenzie fue que el campo te invitara a reflexionar sobre tu juego, sobre la estrategia. El Augusta National tenía que fomentar un golf sofisticado. La mayor parte del tiempo, la distancia me permitió eludir obstáculos como los estanques o los búnkeres y hacer de la estrategia un puntal importante, gracias a la falta de hierba alta y árboles. Planeé cada ronda basándome en la distancia y en dónde estuvieran las banderas. Quería tener el ángulo más favorable hacia el *green*, en función de dónde estaba el hoyo. Todos los jugadores querían hacerlo, pero la distancia a la que llegaba yo me permitía golpear con palos más cortos en los ángulos que había elegido, siempre que alcanzara tales objetivos. Durante esa semana, la distancia media de mis lanzamientos desde los *tees* alcanzó los doscientos noventa y cinco metros, veinte más que el siguiente jugador. De todos modos, si no se alcanzaba tal distancia, aún se podía confiar en los golpes cortos, sin que uno tuviera que preocuparse por los árboles o la hierba alta.

Todos estos detalles permitieron que disfrutara mucho durante el Augusta National de 1997, excepto en los nueve primeros hoyos de la primera ronda. Aunque de eso se me puede culpar a mí, no al campo. Veinte años después, al recorrer los hoyos, me doy cuenta de lo importante que fue poder hacer lanzamientos de gran distancia. En el primer hoyo ni siquiera tuve en cuenta el profundo búnker que hay a la derecha de la calle. Mi plan era lanzar el *drive* por encima de él. Ni siquiera lo miré. Si llegaba donde quería, después podría utilizar un *sand wedge* o un *lob wedge*.

El gran búnker a la derecha del segundo hoyo tampoco existía. Si lanzaba desde el *tee* de salida por encima de él podría aprovechar la pendiente y un hierro ocho para el segundo golpe. En el tercero lancé el *drive* en la parte ascendente, que (al menos en teoría) es un golpe sencillo. Los búnkeres del quinto hoyo no estaban donde se encuentran ahora, sino a mucha menos distancia. Normalmente, golpeaba el *driver* hasta allí; si el golpe salía bien, me situaba en el cruce. Después solo necesitaba un *sand wedge*.

El séptimo solo estaba a trescientos treinta metros y quería alcanzarlo lo más rápidamente posible; mi intención era utilizar solo un *sand wedge* para llegar al hoyo. Podía utilizar un hierro dos para conseguirlo. En 1997 y 2000 también usé un *driver*, que, en ese hoyo, se convirtió en mi palo preferido. Marko me convenció de que podía hacerlo si quería. Si golpeaba la bola hacia dentro, podía llegar cerca de donde se empieza a caminar en el tercer *tee*. Aquello me convenía, porque podía usar el *sand wedge* más allá de los pinos. La distancia a la que llegaba me proporcionaba ventaja no solo cuando alcanzaba mis objetivos, sino también cuando erraba algunos golpes desde el *tee* a la derecha o la izquierda. Es difícil sobrevalorar la ventaja que me daba la distancia.

Después estaba el octavo, con par 5. Deseaba jugar ese hoyo en todas las rondas. Siempre lo veía como un *birdie* o incluso un *eagle* envuelto en papel de regalo. El búnker que entra en la parte derecha de la octava calle tenía la mitad de tamaño que el actual y no tuve ningún problema con él. Hice un *drive* por encima de él; después, en el noveno hoyo, lancé desde el *tee* tan lejos y tan a la derecha como pude. Había muchísimo espacio. Todos los jugadores con los que había practicado o con los que he comentado ese hoyo me habían recomendado que lanzara tan lejos y tan a la derecha como pudiera. Si llegaba hasta los espectadores o a su derecha, no pasaba nada. Aquello me proporcionaba un ángulo perfecto para llegar al noveno *green*. Jugaba colina arriba, directamente hacia el hoyo. Daba igual dónde estuviera la bandera: era un golpe fácil. En el noveno hoyo me coloqué en la parte izquierda del *tee* de salida y golpeé con todas mis fuerzas hacia la derecha. El búnker que había a la izquierda no interfería.

En el décimo, casi todos los jugadores lanzaban al mismo punto, porque el hoyo está cuesta abajo. La mayoría de los lanzamientos desde el *tee* acaban en la misma ladera que impulsa la bola por la calle antes de empezar a rodar. En el undécimo utilizaba un *driver*, un *wedge* o un *sand wedge*, porque la calle tenía más de noventa metros de ancha, sin hierba alta o árboles en la parte derecha, o al menos a mí me parecía así de ancha. La calle y la línea de árboles (los pocos que había) llegaban hasta el público. Al igual que en el noveno, quería que el lanzamiento desde el *tee* llegara tan lejos como fuera posible. Si la bola aterrizaba entre el público, no pasaba nada. El único cambio en mi estrategia fue que la bandera estuviera en la parte derecha del *green*. Lancé el *drive* hacia la mitad izquierda de la calle; después, desde allí, hacia el *green*. El único problema al golpear desde el *tee* eran las ramas de los árboles, pero podía sortearlo si hacía el lanzamiento por debajo de ellas o lo acortaba y golpeaba desde el lado derecho. Desde allí podía ver directamente el *green*. El estanque que había a la izquierda no representaba ninguna dificultad a no ser que hiciera un segundo golpe muy malo.

La estrategia en el duodécimo, por encima del arroyo Rae, era llegar al *green*, a cualquier parte del *green*. No pretendía arriesgarme con la tradicional ubicación de la bandera en domingo, a la derecha del *green*, detrás del búnker. Mi mejor opción era lanzar hacia la parte izquierda. Ni siquiera pensé en la bandera. Para mí no existía. El duodécimo es uno de los mejores hoyos con par 3 del mundo, por cómo está trazado. No hay razón para cambiarlo y espero que el Augusta National no lo toque. Con ciento cuarenta metros, es perfecto. El día en que alarguen la distancia a ciento ochenta, dejaré de jugar al golf. No puedo imaginarme jugando ese hoyo a ciento ochenta metros. Utilizamos hierros ocho y nueve, *wedges* o hierros seis y siete como máximo, y todavía hacemos dobles, triples o incluso algo peor.

Por ejemplo, en la última ronda del Masters de 2016, Jordan lanzó la bola al arroyo Rae con un hierro nueve e hizo un cuádruple *bogey*. ¿Cuántas veces se hace un cuádruple *bogey* con un hierro nueve?

También hay que mencionar a Tom Weiskopf. Hizo trece golpes después de lanzar cinco bolas al arroyo Rae en la primera ronda del Masters de 1980. Su lanzamiento desde el *tee* con un hierro siete aterrizó en el borde del *green* y rodó hasta el arroyo Rae. Después lanzó otras cuatro bolas al agua desde la zona de dropeo, a veinte metros del arroyo. Tom pensó que su primer golpe había sido bueno, pero llevaba mucho efecto. «He pasado mucha vergüenza», confesó a los periodistas después de la ronda. El duodécimo puede ser así. Implica correr riesgos. Es un señor hoyo.

El decimotercero se me quedó corto en 1997. El *tee* estaba a la derecha de donde lo colocaron unos años después. Golpeé con una madera tres o un *driver* hacia la esquina en que la calle torcía a la izquierda. No tuve que darle giro a la bola. Era un golpe directo desde el *tee*. El *putt* que hice para tomar la delantera en la segunda ronda ya no puede darse, por las modificaciones que se practicaron en el *green*. En cierto sentido, el decimocuarto fue igual. No tenía que darle mucho giro y un buen *drive* a la izquierda me dejó a un *wedge* del *green*.

En el decimoquinto me vinieron bien los grandes montículos que hay a la derecha, el tramo rápido. Intenté llegar allí con el *drive*, para que la bola rodara por la calle hasta donde pudiera utilizar un hierro ocho o menor hasta el *green*. El domingo fallé el *drive* y tuve que utilizar un palo más largo, un hierro cuatro. En las otras rondas fue *wedge*, *wedge* y hierro ocho. En el decimoséptimo pretendía lanzar el *drive* a la izquierda de los montículos que había a la derecha, lo que me permitiría utilizar un *wedge*.

Y, en el decimoctavo, tuve muy presente lo que había hecho Ian Woosnam en 1991. Mide uno sesenta y cinco, y lanzó un *drive* sobre los búnkeres hacia la parte izquierda. Aquello me sorprendió la primera vez que lo vi en los vídeos de los Masters. Decidí hacer lo mismo: lanzar por encima de los búnkeres. Si fallaba el golpe desde el *tee*, no quería que fuera hacia la derecha, debido al bosque que hay allí. Pero a la izquierda había mucho espacio. Fluff y yo teníamos muchas opciones de lanzamiento hacia el *green* desde un antiguo campo de prácticas que hay más allá del búnker, a la izquierda de la calle. Para mí esa era la calle, porque era donde quería que llegara el lanzamiento o, al menos, fallarlo allí si no conseguía acortar distancia dentro de la calle.

Así lo vi: si la bola se quedaba a mitad de distancia, podría utilizar *wedges* para llegar al *green*, donde los *putts* cortos tenían más trayectoria. La distancia a la que están los hoyos y a la que lanzamos las bolas acaparan toda la atención, pero los cambios en los *greens* también son importantes. Ahora tienen más superficie plana y no son tan difíciles como antes. En 1997, los *greens* eran la única barrera si se llegaba a ellos con *wedges*. Era muy importante dónde estuvieran colocados los hoyos. Si se encontraban un paso más cerca de otro nivel o de una elevación, no quedaba mucho margen de error. Al estudiar aquellos antiguos vídeos de los Masters, no me di cuenta de la diferencia que supone que haya un paso de distancia a otro nivel o a una elevación. Yo era como todo el mundo: a menos que se esté en el Augusta durante el Masters, no se aprecia la diferencia.

En ese sentido, el Augusta era como un campo *links*. Si se fallaba ligeramente, se erraba por mucho, porque la pelota podía irse muy lejos. Y, si pasaba eso, ¡buena suerte! Pero si el lanzamiento se salía del *green* y caía en los terrenos pantanosos que rodean los *greens*, al menos se podía intentar hacer un golpe limpio en la turba compacta.

El campo, con seis mil trescientos treinta metros en 1997, obligaba a muchos de los jugadores a utilizar hierros cortos. No usaban hierros cortos en los hoyos con par 5 y utilizaban hierros seis y ocho en algunos hoyos con par 4 en los que yo prefería los *sand wedges*. Pero no se servían de hierros largos para llegar a los *greens*.

El campo se quedaba corto para muchos de los jugadores. Jim Furky comentó algunos años después que era un campo divertido y que había hecho golpes hacia lo que describía como *greens* «de locura». Lo dijo como un cumplido. Hay que utilizar la imaginación para llegar cerca de las banderas, pero se puede dar efecto a la bola y utilizar el contorno del *green* para conseguirlo. Jugar en él era toda una experiencia, porque se podía hacer todo tipo de golpes. Representaba un gran cambio ante la rutina semanal del PGA Tour, donde se lanza la pelota y cae exactamente donde tú quieres. Es fácil abusar de la palabra «divertido», pero no puedo evitarlo. El Augusta

National de 1997 fue divertido. Y no creo equivocarme si digo que no solamente para mí.

Después, en el Masters de 2002 cambiaron mucho el campo. Habían transformado el Augusta National varias veces desde su inauguración, pero no tanto como para que uno se diera cuenta. Aquella vez los cambios fueron importantes. Ya no era tan divertido jugar en él.

Hasta 2002 nunca iba al Augusta antes de la semana del Masters. El campo era muy parecido siempre, por lo que no creía que fuera necesario ir a verlo antes del torneo. Pero a principios de ese año, Marko y yo fuimos a comprobar cuáles habían sido los cambios.

Se había alargado unos cuantos hoyos: primero, séptimo, octavo, noveno, décimo, undécimo, decimotercero, decimocuarto y decimoctavo. En total, se habían añadido dos mil seiscientos metros al campo (en 2003 y 2006 se añadieron más metros y árboles, y la ampliación continúa; en el Masters de 2016, el campo tenía seis mil ochocientos metros). Esos cambios nos obligaban a utilizar palos más largos para llegar a los *greens*; esa es la razón por la que el club ha estado añadiendo metros continuamente. Lo entiendo. Están aumentando la distancia a los árboles, y por ello los golpes a los *greens* son más largos para todo el mundo. Se debe a la pelota, que llega mucho más lejos y no adquiere tanto efecto como la que se utilizaba hace veinte años. Y ha seguido evolucionando en los últimos años.

Pensé en ello a mediados de la primera década de este siglo, cuando todavía utilizábamos el campo de prácticas que había a la derecha de Magnolia Lane al ir hacia la sede del club. El club tuvo que instalar una valla alta en el extremo norte del campo de prácticas porque Washington Road estaba justo detrás. Se había vuelto muy peligroso utilizar *drivers* en ese campo. En condiciones normales, yo no llegaba a la valla; tampoco Bubba Watson. Pero podía hacerlo si me lo proponía. Si lanzaba en la dirección del viento, cuando soplaba del sur, tenía que rebajar el *drive* para que la bola rebotara en la malla o dar un golpe suave. Había que impedir que las bolas salieran. Podían matar a alguien que estuviera conduciendo al otro lado de la valla.

Finalmente, el club instaló una nueva zona de prácticas (extremadamente moderna, como es costumbre en el Augusta), que solo se utiliza en la semana del torneo. Los miembros emplean el campo original. Los profesionales calentamos allí y vamos cuando no se celebra el Masters, aunque a veces nos permiten utilizar el campo del torneo. Cuando estamos en el campo de los miembros, nos ruegan que no usemos *drives*. Yo lo hacía, pero con golpes suaves. Mis bolas botaban dentro de la valla. Nunca golpeé un *driver* con todas mis fuerzas porque con una madera tres habría llegado a la malla. Y esto era hace diez años.

Quizá me estoy haciendo mayor (jugué el Masters de 1997 hace media vida), pero a veces pienso qué era mucha distancia entonces y qué lo es ahora. Lanzar con un *driver* a doscientos cincuenta metros entonces era llegar muy lejos. Si se conseguía, era mucho. Ahora hay jugadores que lanzan a trescientos metros. En la actualidad, todo tiene que ver con la distancia y el Augusta National ha seguido el ejemplo.

El Augusta de 1997 se ajustaba más a mi visión que el actual, porque podía salvar todos los búnkeres. Ahora ya nadie salva el búnker del primer hoyo o del segundo. Están a más de trescientos metros. ¿Van a atreverse los jugadores que lanzan muy lejos a superar unos búnkeres tan alejados del *tee*? Me encantan los cálculos del Augusta. Me pregunto cómo trazan el recorrido de cada bola, dónde aterriza y cómo rueda. Me gustaría saber cómo consiguen seguir con láser todos los golpes que da cada jugador en el Masters. O, si golpean contra un árbol, cómo saben adónde va a parar la bola entonces. Todos los golpes están registrados. Tienen muchísima información. En 2015, incluyeron el clima como factor añadido. Querían saber lo lejos que llega la bola en condiciones de humedad y qué influencia ejerce el viento húmedo. Los datos que recopilaron y siguen recopilando ayudan a decidir si alargan ciertos hoyos o no, o si aplanan algunas pendientes, como la del primer hoyo.

El campo ha cambiado de todas las formas imaginables, excepto en la ruta. Por eso la gente dice que es igual todos los años. Y lo es, pero no se juega del mismo modo. Los jugadores ven la diferencia. Por ejemplo, en el primer hoyo, o se golpea con el *driver* para llegar junto al búnker, o para quedarse corto. A veces he golpeado una madera tres para lanzar a la izquierda del búnker o no llegar a él. Depende de dónde estén las marcas en el *tee* y de cómo sople el viento.

El undécimo hoyo es otro buen ejemplo del efecto que produce alargar la distancia y, en ese caso también, mover el *tee*. El undécimo está a cuatrocientos sesenta metros y se lanza desde un *tee* que se ha movido muy a la derecha de donde estaba cuando gané el Masters de 1997, cuando el hoyo estaba a poco más de cuatrocientos metros. En la actualidad se ha convertido en el golpe desde un *tee* más difícil del recorrido. La incorporación de hierba alta y lo que prácticamente es un bosque a la derecha de la calle implican que los ángulos que podían hacerse desde allí ya no existen. Eso priva al hoyo de muchos de sus desafíos, y con eso quiero decir que ya no es un hoyo interesante, sino que se ha convertido en uno convencional, uno largo con par 4. De esos hay muchos en el resto de los campos en los que jugamos.

Creo que el Augusta ha reducido las opciones disponibles. El golpe de aproximación que embocó Larry Mize a cuarenta metros del undécimo hoyo en la eliminatoria en la que ganó el Masters de 1987, por lo pronto, es mucho más difícil. Han elevado la parte trasera derecha del *green*. El Augusta se diseñó originalmente para forzar a los jugadores a crear golpes alrededor de los *greens*, y por eso Jones y MacKenzie incluyeron montículos por todas partes. Sigue habiendo muchas pendientes alrededor de los *greens* y en ellos, pero no son tan desconcertantes como antes.

La bola actual es una de las razones por las que el Augusta ha hecho que los *greens* sean menos difíciles. Los han simplificado porque ahora están mucho más lejos. Pero no importa que estemos tan alejados, porque la bola llega con menos efecto. Hace veinte años utilizábamos bolas de balata. El vuelo de una bola de balata iba hacia arriba y luego caía. Las bolas de hoy en día salen más bajas y con más fuerza y menos efecto. Las bolas no se paran; por eso en el Augusta se tuvo que estudiar cuidadosamente las pautas de salida, para situar las banderas.

Solo hay un golpe en el golf que no se volverá a lanzar, pues el equipamiento ya no lo permite. Es el que hizo Jack con un hierro uno en el último hoyo del Baltusrol en la última ronda del U. S. Open. Llevaba tres golpes de ventaja, lanzó a la hierba alta, salió de allí y volvió a la calle. Jack iba a ganar, pero también tenía oportunidad de batir el récord de Ben Hogan en el U. S. Open con un *birdie*. Había más de doscientos metros hasta el hoyo. Golpeó con un hierro uno, la bola subió muchísimo y bajó suavemente para quedarse a seis metros del hoyo. Embocó el *putt* y estableció un récord. No me imagino a nadie haciendo ese tipo de golpe en la actualidad, ni a Jason Day ni a Rory McIlroy ni a mí. Para empezar, la bola no puede coger el efecto necesario. En la actualidad, levantar una pelota con un hierro uno es prácticamente imposible. Y que se detenga en la parte delantera de un *green* si está elevado…, pues tampoco lo veo. La bola ha cambiado mucho. Llega tan lejos que en el PGA Championship de 2016 los jugadores alcanzaban el decimoctavo *green* del Baltusrol con hierros medianos.

Seguramente parezco un viejo cuando digo que en mis tiempos todo era mejor, pero no entiendo que nadie pueda decir que sea bueno que las pelotas lleguen tan lejos y que no se curven tanto porque no tienen efecto. Antes, lanzar la bola con precisión era mucho más importante que ahora, y lo sé porque he tenido muchos problemas cuando he fallado en las calles. Entonces tenía que depender de mi juego de recuperación y de los *putts*. Ahora ya no es preciso hacer los *drives* con tanta precisión. Se transige más con los *drivers*. Si los jugadores actuales jugaran en el campo del Augusta National en el que competí yo en 1997, con el equipo que se utiliza hoy en día, alguien haría muy pocos golpes. Yo usaba *drivers* y *wedges*, y me quedaba corto. En la actualidad, los jugadores llegan treinta metros más lejos que yo. Con golpes a tanta distancia, alguien hará menos de 60.

Sesenta no será la barrera que fue en tiempos. Ni siquiera habrá que esforzarse con el *putter*, porque se cuentan con muchos hierros cortos. En 1997 lanzar a ciento cuarenta metros con un hierro ocho era llegar muy lejos. Ahora esa distancia se hace con un *wedge*. Todavía me zumban los oídos cuando oigo que un jugador está a ciento ochenta metros del hoyo y utiliza un hierro ocho. No tiene sentido, no en mi mundo.

Basta con imaginar a Bubba Watson jugando el Augusta de 1997, por ejemplo, enfrentándose al búnker del primer hoyo. Lanzaría un *drive* que dejaría la bola a cuarenta metros del *green*. O, en el segundo, le daría ese efecto suyo y llegaría con un *sand wedge*. Solo hay que ver dónde lanzó la bola en el decimotercer hoyo en la última ronda del Masters de 2014, que ganó. Se colocó en la parte derecha del *tee*, para lanzar la bola a la izquierda del centro de la calle. Pero llegó más a la izquierda de lo que esperaba y durante un momento se puso nervioso porque no sabía si la pelota salvaría los árboles que había en ese lado. Lo consiguió y utilizó un *sand wedge* para llegar al *green*. ¡Un *sand wedge*!

Bubba no es el único que no dejaría nada a la izquierda del decimotercer *green*, o de otros *greens*. A lo largo de los años, el Augusta ha intentado añadir distancia para que golpeáramos con los mismos palos que utilizábamos antes para llegar a los *greens*. Quizás utilicemos los mismos, pero llegamos más lejos. Con un hierro ocho ya no se llega a ciento cuarenta metros. Muchos jugadores alcanzan los ciento sesenta; algunos, ciento sesenta y cinco o más.

Decir que utilizamos los mismos palos no es del todo cierto. Es verdad que los ángulos son más grandes, por lo que un hierro ocho se parece más a un hierro siete o incluso seis de los que utilizábamos hace veinte años. En tiempos, Callaway ganó mucho dinero al aumentar el ángulo y fue la primera empresa que lo hizo. Después PING aumentó el ángulo de sus hierros y ahora lo hacen todos los fabricantes. Todos llegamos más lejos con los hierros, pero no tanto como les gustaría creer a muchos jugadores. Golpeamos hierros que no son los mismos. Yo guardo mis hierros de la vieja escuela. Tienen dos grados menos que la media de los actuales. El *wedge* de Rory tiene cuarenta y cinco o incluso cuarenta y cuatro. Mi hierro nueve tiene cuarenta y cinco grados. Tengo un palo de menos con el ángulo que usa él.

Todo esto afecta a lo que ha estado haciendo y necesitará hacer el Augusta National para evitar que los jugadores hagan menos golpes e incluso lleguen a 50. Han de plantearse, y estoy seguro de que lo hacen, qué pasará cuando uno de esos jugadores que lanza a mucha distancia sepa jugar y entienda el juego. Estoy pensando en alguien que cuente con todo lo necesario para competir en el más alto nivel. No habrá forma de pararlo. En la actualidad, todos los jugadores que lanzan lejos, menos Rory, son altos. La mayoría mide como poco un metro ochenta; muchos, uno ochenta y cinco o más. Hacen el *swing* con palancas más largas. Aceleran la cabeza del palo en un recorrido más largo. Dustin Johnson, Ernie Els, Phil Mickelson y Bubba miden uno ochenta y cinco o más. Arnold, Jack y Gary son bajos en comparación con los mejores jugadores actuales.

Cuando jugaba en circuitos y Phil, Ernie, Vijay Singh y yo éramos los mejores del mundo, yo era el más bajo, con uno ochenta. Ellos medían uno ochenta y cinco o más. Con todo lo necesario y esas alturas, el juego es diferente. Lo mismo ha pasado en el baloncesto. Solía pensar que Karl Malone era el jugador más musculoso que jamás había jugado al baloncesto. Pero los universitarios actuales tienen los músculos aún más desarrollados. Solo hay que fijarse en Lebron James, que ya era así cuando estaba en el instituto.

Ahora, ganar un torneo de golf en los últimos hoyos continúa siendo una cuestión más mental que física. Depende de la cabeza, de lo que haya en el interior del jugador. Pero ¿y si aparece un golfista que la tiene y que posee también las cualidades físicas necesarias? Sucederá. No se puede luchar contra eso. Se pueden hacer cosas sin sentido, como cuando la USGA modifica el par de algunos agujeros cambiando el *tee* de lugar de un día para otro. Crecí jugando los U. S. Open de la vieja escuela, en los que el campo era el mismo todos los días. Los *tees* estaban en el mismo sitio, las calles eran estrechas y los *greens* duros si estaban secos. Cambiaban las banderas de sitio, como hacen en todas partes. Sin embargo, sabíamos que los *tees* estaban siempre en la parte de atrás y que las calles eran tan anchas como un dedo. Muy bien. Es el U. S. Open. Hay que lanzar recto, poner la pelota en la calle y después en el *green*. Si se falla en la calle, te abres paso y desde allí hay que ser muy bueno en los siguientes cien metros. Así era el U. S. Open año tras año.

No jugábamos un hoyo con par 4 un día y al siguiente con par 5, como pasó en el decimoctavo del U. S. Open de 2015 en el Chambers Bay. La USGA movió los *tees* en la última ronda y se jugó con cuatrocientos setenta metros y par 4. Los jugadores que lanzan lejos salvaban el búnker que hay a la derecha con un *drive*. Los que no llegaban tan lejos tenían que tirar a la izquierda del búnker, a una zona de unos cinco metros de anchura. El viernes se oyó decir a Jordan Spieth en un micrófono abierto que el decimoctavo, con par 4, era el «hoyo más estúpido» que había jugado en su vida. La USGA tenía planeado que volviera a jugarse con par 4 en la última ronda, pero al final decidió no hacerlo. Quizás oyeron lo que había dicho Jordan; seguramente, tampoco estuvo mal que comentara que estaba pensando en subir en coche la primera calle si el hoyo se jugaba con par 4. Mike Davis, director ejecutivo de la USGA y la persona que organizó el campo, dijo que había tomado la decisión de que se jugara con par 5 porque estaba previsto que soplara viento del oeste. Jordan hizo *birdie* en el hoyo y ganó el U. S. Open.

¿Qué habría pasado si el Augusta hubiera cambiado el par de algunos de los hoyos del Masters? ¿Y si hubieran decidido que el decimotercer hoyo tuviera par 4 en vez de par 5? Parece un sacrilegio, pero teniendo en cuenta qué distancia recorre la bola. ¿Es realmente el decimotercer hoyo, uno de los más amenos y retadores de todos los que conozco, un hoyo con par 5 si todo el mundo llega al *green* con un hierro largo y normalmente incluso con un palo más corto? En el Masters de 1997 utilicé una madera tres y un hierro ocho. En el decimoquinto, un *wedge* dos veces, un hierro ocho; el domingo hice un *drive* a la derecha y después usé un hierro ocho en el *green*. El decimotercero y el decimoquinto no tienen realmente par 5.

Quizás el decimotercer hoyo debería considerarse un par 4 tremendamente largo. Si se mueve el *tee* un poco a la derecha, podría serlo. No me importaría. Pongámoslo así: la UGSA cambió el segundo hoyo del Pebble Beach en el U. S. Open de 2000 que gané, de par 5 a par 4, con cuatrocientos cuarenta metros. En 2010, cuando lo ganó Graeme McDowell, tenía cuatrocientos sesenta y seguía teniendo par 4. Si podían cambiar el Pebble Beach de 72 a 71, podían cambiar el par de cualquier torneo. Uno no podía imaginarse que un club histórico como el Pebble Beach vaya a cambiar el par, pero lo hizo.

A veces se oye decir que el par es solo un número y que a quién le importa que un hoyo tenga par 4 o par 5. También hay quien dice que un *green* en particular no está diseñado para tener par 4. Pero sí que es algo importante. Es una cuestión mental. Si un hoyo tiene par 4, se cree que no hay otra opción que ir hacia el *green*, mientras que si es par 5 y se falla el *drive*, se acepta, se hace juego corto y se intenta hacer *birdie*. Cuando un hoyo tiene par 4 uno se siente obligado a lanzar hacia el *green*. Hay que hacerlo. ¿El decimotercer hoyo del Augusta tiene par 4? De acuerdo, adelante.

Denominar un hoyo con par 4 o par 5 es diferente a alterar el trazado de un recorrido. Durante la cena de campeones de 2016, Jack y yo hablamos sobre las bolas. Le comenté que recordaba cuando a principios de los años ochenta se quejaba de lo lejos que llegaban las Titleist 384. Lo hacía cuando empezó a decir a quien mandara que había que frenar esa bola. Nunca se consiguió. No me extraña que los únicos jugadores que trabajan en televisión sean los que lanzaban corto. En el PGA Tour no se dura mucho si no se lanza a gran distancia o si no se es como Jim Furky, un jugador muy creativo y muy combativo.

El juego ha cambiado tanto que ahora el palo más importante no es el *putter*, sino el *driver*. Si se pierde distancia, se empieza corto y no se lanza recto, adiós al circuito. Pero si la bola recorre una gran distancia y se tiene una racha en la que no se lanza recto, todavía se está lo suficientemente lejos como para salvarse. La distancia es mucho más importante que la precisión. A pocos jugadores que lanzan corto les va bien continuamente. De mi generación, Furky ha sido el mejor jugador que no lanza muy lejos. Pero el suyo es un caso poco común. No se dura si no lanzas lejos. Los tipos que están en las cabinas de los medios de comunicación no entienden el juego largo porque no lo han practicado nunca. No conozco a nadie que lance a distancia que esté en una cabina. En el golf actual, si lanzas corto, no te queda otra que abandonar el circuito: esa es la gran diferencia con el Masters de 1997.

A lo largo de los años, el Augusta ha intentado luchar contra el incremento en la distancia de lanzamiento alargando el recorrido. Y no es lo único que han intentado. Entiendo que hayan añadido metros: no me molesta mucho. Eso sí, creo que, hasta que la USGA y el R&A controlen la bola, la batalla está perdida. Cuando pienso en los cambios en el Augusta, hay dos de ellos que yo no habría hecho en los hoyos. En primer lugar, los búnkeres que han añadido a la calle de la izquierda del quinto hoyo. No entiendo esos búnkeres. No encajan en el recorrido. Desde allí no se llega al *green*, ni de lejos. El resto de los búnkeres están bien emplazados, pero esos no. He hablado con muchos jugadores y miembros del club, y opinan lo mismo que yo. Tampoco entiendo por qué el Augusta alargó el séptimo hoyo a más de cuatrocientos metros. Antes era un bonito hoyo con par 4. Ahora todos los hoyos con par 4 tienen cuatrocientos metros o más, excepto el tercero.

Cuando echo la vista atrás, imagino que los miembros del Augusta debieron de alucinar con lo que hice en 1997 al utilizar palos cortos para llegar a los *greens*, incluso en los que tenían par 5. Puse en práctica un juego en el que dominaba el recorrido. Las banderas eran la única defensa que tenían. Ya podían ponerlas en los bordes de los *greens*, secarlos o darles color verde azulado. Me daba igual, porque tenía muchos *wedges* para llegar. Incluso me proporcionaba más ventaja, porque podría dispersarme más en el campo si me esmeraba.

Ahora no es posible. Y no solo porque tengo veinte años más y todo el mundo lanza mucho más lejos. La distancia adicional consigue que el recorrido ponga a prueba todo tu juego. Hay que hacer buenos *drives*, pero también buenos *putts* y buenos golpes de aproximación. En 1997, cuando no era necesario hacer tan bien los *drives*, sobre todo si no se llegaba muy lejos, el Augusta era un campo de dos golpes. En la actualidad, nadie se arriesga en los búnkeres de los hoyos primero, segundo o decimoctavo. No se pueden salvar, por lo que hay que pensar dónde se colocan los *drives*.

Entiendo por qué el club hizo esos cambios. El Augusta National no establece las reglas del juego. Eso es cosa de la USGA y el R&A. Se ha hablado de utilizar una bola que sea exclusiva del Masters, pero el club decidió poner en práctica unos métodos que tenía más a mano, como añadir distancia, hierba alta, arena y árboles. Ojalá no hubiera tomado esas medidas. Aunque, en cualquier caso, iba a costarme mucho ganar once chaquetas verdes. Ahora el golf está lleno de bombarderos que piensan y hacen *putts*. Es difícil saber qué hacer para contrarrestar lo lejos que llega la bola.

A veces pienso cómo cambiaría el Augusta para el Masters. Lo primero que haría sería quitar la hierba alta que han puesto (ese segundo corte), la que hay junto a las calles. Después lo cortaría todo en la dirección del grano, de los *tees* a los *greens*, en vez de como lo hacen ahora. La flota de cortacésped del Augusta empieza a cortar las calles desde el *green* hacia el *tee*, y siempre tenemos el grano en contra. Si la hierba se corta de tal manera, la bola no rueda ni va tan lejos.

Preferiría que la hierba estuviera cortada en la dirección del grano en todo el recorrido, tal como estaba antes. Y lo cortaría todo para que pudiera jugarse con la mayor velocidad posible. El recorrido ya no se parece al de un campo *links*, sobre todo por la forma en que está cortada la hierba. Pondría el césped alrededor de los *greens* muy apretado, con lo que se podrían hacer golpes en que la bola rodara. La mayoría de los jugadores lanza la bola al aire en los alrededores de los *greens*. En el Masters cada vez se ve a más jugadores que utilizan *wedges* con mayor ángulo. Van con *wedges* de sesenta y dos y sesenta y cuatro grados, porque son necesarios. La hierba está demasiado pegajosa, así que la única opción es lanzar la pelota al aire. Los golpes que me enseñaron Raymond, Ollie y Seve, con cualquier palo a partir del hierro cuatro, son inútiles. Ya no pueden hacerse.

Otra cosa que haría es talar el bosque del noveno y decimoprimer hoyo a la derecha de la calle; además, volvería a colocar los montículos que había en el decimoquinto para que hubiera un tramo rápido. El recorrido sería más divertido. Así lo quisieron Bobby Jones y Alister MacKenzie: un duro reto para el mejor jugador, pero divertido para todos. La mayoría de los jugadores que ahora van al Masters nunca lo vieron así. Se podían crear golpes, encontrar la manera de salir de los árboles. Se podía ser imaginativo, porque se encontraban calles entre los árboles y también se podía curvar más la bola. El Augusta estaba diseñado para incitar al jugador a que imaginara golpes y los realizara, como hacía Seve. Él jugaba con los ángulos. Ahora ya no hay tantas posibilidades de hacerlo.

Estoy seguro de que el Augusta National seguirá implementando cambios en el recorrido para estar al día con la tecnología; sin embargo, si alargan el decimosegundo hoyo, no volveré a jugar allí. Tal como he dicho, si hacen que ese hoyo tenga ciento ochenta metros, el Masters se habrá acabado para mí. Solo hay que mantener los *greens* compactos. Por eso el Augusta instaló el sistema SubAir bajo los *greens*. Si llueve mucho y los *greens* están muy blandos, el SubAir aspira la humedad y los seca.

Y

Cuanto más interesada está la gente en cómo se juega en la actualidad en el Augusta, más claro queda que el fracaso a la hora de regular la bola ha provocado cambios que no deberían haberse producido nunca. No solo es algo que sucede en el Augusta, sino, por ejemplo, también en el Seminole Golf Club en Juno Beach, Florida. Es uno de los campos clásicos. Lo diseñó Donald Ross para que fuera apto para todos los niveles de jugadores; tal como hicieron MacKenzie y Jones en el Augusta, poder analizar todos los aspectos del juego de los mejores jugadores. Ben Hogan practicaba en el Seminole antes de ir al Masters porque sabía que es duro y rápido, del *tee* al *green*. Me pregunto qué pensaría ahora.

Jugué una vez en el Seminole, hice 62 y pensé: «Es un buen campo, pero no supone ningún reto». Solo tuve que utilizar el *driver* y un *wedge* en todos los hoyos. Si se hacen 65, se cree que se ha jugado mal. En la actualidad, el único desafío para un jugador es la velocidad en los *greens*. Si se juega un día en el que sople viento seco del norte, son extremadamente escurridizos. Si no, se bombardea para llegar a ellos, se usa el *wedge* y se hacen *birdies*. Me da igual lo rápidos que sean los *greens*, siempre hay que dejar la bola debajo del hoyo cuando se tiene un *wedge* en las manos. No es tan difícil.

Con palos de madera de caqui y bolas de balata, es otra historia. Ahora se hacen *drives* de doscientos cuarenta metros, no de trescientos. Dos de los hoyos con par 4 se pueden hacer con un *driver* de los de hoy. Lancé hasta el borde delantero de uno de los hoyos con par 4 y el miembro del club con el que estaba me dijo que Hogan golpeaba con un hierro seis hasta el *green*. Un hierro seis. Yo lancé hasta el borde delantero y ni siquiera soy uno de los jugadores que más lejos lanzan.

En 1997 sí que lo era. En la cena de campeones de la que fui anfitrión al año siguiente hablé con Sam Snead sobre lo lejos que lanzaba la bola. Sam me echó la bronca. Byron Nelson nos escuchaba, pero no dijo nada al respecto. Estaba claro que estaba tan impresionado como Sam por la distancia a la que lanzaba la bola. John Daly había estado en el circuito unos años, había ganado dos de los grandes y demostró lo que sucede cuando alguien lanza la bola a casi doscientos setenta metros. John practicaba un juego diferente. Pero entonces aparecí yo. Lanzaba la bola un poco más corta que John, pero sabía hacer *putts*. Era el plato combinado. Sam y Byron se dieron cuenta de que había llegado una nueva era. Jugábamos con titanio y maderas metalizadas contra ellos, que lo hacían con madera de caqui. El golf estaba cambiando. Se estaba volviendo más grande y distante, y lo sabían.

En términos más generales, en los circuitos profesionales el golf se ha convertido en un juego de poder para hombres y mujeres. En la mayoría de los campos, a los jugadores no les importa llegar a la hierba alta con los lanzamientos desde el *tee*, porque prefieren usar un *wedge* desde allí que un hierro más largo desde la calle. Seguramente no tardaremos en ver en el circuito un campo de siete mil metros.

Los cambios en el equipo también han marcado la diferencia. Cuando jugué una ronda de entrenamiento con Davis Love en el Wyndham Championship de Greensboro en 2015 hablamos sobre ese tema. Fue el antepenúltimo jugador que cambió un *driver* de madera de caqui por una cabeza de metal y lo hizo en el U. S. Open de 1997, en el Congressional Country Club. Le había ganado en el Las Vegas Invitational en 1996, en el que había utilizado madera de caqui. Ahora solo hay que ver el tamaño de las cabezas que utilizan los jugadores; seguramente podrían meterse tres cabezas de madera de caqui en una normal de 460 cc.

Este nuevo y «mejorado» equipo implica un gran cambio para los jugadores. No siempre ha sido así. Una vez le dije a Jack Nicklaus que su madera tres había sido su palo habitual y que la había utilizado para diferentes golpes. Me comentó que la había tenido durante casi quince años, desde los veinte hasta los treinta y cuatro. Había llevado el mismo palo en la bolsa todo ese tiempo. Algunos jugadores usarán siempre el mismo *putter*, pero es imposible imaginar a nadie que utilice los otros trece palos durante quince años. El *putter* que utilizo desde que era *amateur* es básicamente el mismo en cuestión de forma y especificaciones. Siempre he utilizado el equivalente a un PING Anser 2. Es el *putter* con el que jugaba cuando era juvenil. En la universidad cambié a un Odyssey, que tenía el mismo cuello que el Anser 2. Después, Scotty Cameron, el maestro artesano de los *putters* Scotty Cameron, creó otro parecido al Anser 2 para mí. Gané muchos torneos con él y luego me pasé a un Method de Nike. Ese también se parecía mucho al Anser 2, al igual que el Scotty que utilizo en la actualidad. Realmente he utilizado el mismo *putter* durante toda mi carrera.

Utilizar siempre un palo específico que no sea el *putter* no parece posible, porque la tecnología ha cambiado mucho. Los jugadores tienen que aprovecharla. Aun así, me encantaría jugar un torneo todos los años en el que tuviéramos que utilizar solo medio equipo. O jugar con madera de caqui y bolas de balata en un campo de cinco mil ochocientos metros. Sería divertido hacerlo un par de veces al año. Seguiría ganando el que menos golpes hiciera y el mejor jugador.

He hablado de los equipos, de la bola y del diseño de los campos con mucha gente relacionada con el golf; por ejemplo con Peter Dawson, el veterano secretario del R&A, que se jubiló en 2015; o con el antiguo comisionado del PGA Tour, Tim Finchem, que se jubiló el 1 de enero de 2017; o con el director ejecutivo de la USGA Mike Davis. Creo que a todos nos interesa atraer a más gente al mundo del golf y que no deberíamos frustrarla. Los jugadores *amateurs* quieren utilizar el mejor equipo posible, para tener más posibilidades de lanzar la bola más lejos; usar hierros menos perjudiciales con los malos golpes. Sería absurdo utilizar un equipo arcaico. Sin embargo, a pesar de que queramos que el golf sea más fácil para los *amateurs*, necesitamos mantener el desafío para los profesionales.

Pero ¿cómo se hace más fácil el juego, aparte de con el equipo? Se utilizan cabezas grandes, que ayudan a salvar las distancias, y varillas ligeras, que sirven para que a los jugadores les sea más fácil hacer el *swing*. Así no tienen que pelearse con la varilla. Se da a la gente la oportunidad de lanzar la bola por el aire y de hacerlo más lejos. Es más divertido ver la bola ir lejos que asistir como va de un lado a otro enloquecidamente.

En cuanto al diseño, en una iniciativa comercial que comencé hace más de diez años, ampliamos las zonas a las que llegan las bolas y limitamos la altura de la hierba. Son cosas que pueden ayudar a que el juego resulte más sencillo para los jugadores con un gran hándicap y que atraiga a más personas al golf. Aun así, con diseños elegantes, también se puede crear un campo para profesionales. No es difícil. Simplemente se deja que la hierba crezca de diez a quince centímetros y se hacen calles de veinte metros de ancho. No será divertido, pero somos profesionales del circuito; si un campo ha de tener siete mil metros y ese diseño, será una pena, pero así es como es el golf ahora.

Mi idea es diseñar campos divertidos en los que se pueda jugar, ya que el golf no solo es para los profesionales. Creamos amplias zonas para que llegue la pelota desde el *tee* y limpiamos zonas fuera de las calles, para que los jugadores no pierdan bolas. Diseñamos múltiples opciones para llegar al *green,* incluida una en la que la bola rebota. Al limitar la hierba alta alrededor de los *greens,* proporcionamos a los jugadores más posibilidades de ejecutar golpes de recuperación, incluido el uso del *putter.* Me gusta que los jugadores empleen el terreno, tal como he hecho yo desde que conocí los campos *links* a mediados de los años noventa.

También diseñamos un par de campos cortos como parte de las instalaciones para prácticas, con hoyos con par 3 que van de treinta a ciento treinta metros. Creo que es importante, por eso los he incorporado en campos como el Diamante en cabo San Lucas y el Bluejack National a las afueras de Houston. Veo esos campos no como añadidos, sino como parte integral del club. El nombre del campo corto en el Bluejack National expresa exactamente lo que quiero crear; tiene diez hoyos y se llama Playgrounds. Esos campos cortos son perfectos para que los niños e incluso los mayores se inicien en el golf, para reuniones de familias y amigos, y para que los jugadores experimentados exhiban sus habilidades. También son una buena opción para gente con poco tiempo.

En la inauguración del Playgrounds en marzo de 2016, el primer hoyo causó furor. El vídeo de Taylor Crozier, que solo tenía doce años y consiguió un hoyo en uno, se hizo viral. En el golf no hay nada comparable a hacer un hoyo en uno, mientras que en el Playgrounds los jugadores tienen diez oportunidades para conseguirlo. Lo que implica diez oportunidades de alegrarse con el golf. El Bluejack está recibiendo excelentes críticas por su diseño; el *Golf Magazine* y el *Golf Digest* lo eligieron como mejor nuevo campo privado de 2016 en Estados Unidos. Me alegré: eso significaba que mi diseño estaba teniendo una gran aceptación.

En el otro extremo, todavía no he tenido oportunidad de diseñar un campo para campeonatos. Si algún día lo hago, el diseño se basará en la topografía, la que se me diera para trabajar, así como en los ángulos. Me gusta jugar en los campos del Australian Sandbelt de Melbourne. No necesitan un hoyo par 3 con doscientos veinte metros para ser duros. El séptimo hoyo en el Royal Melbourne solo tiene ciento cuarenta, pero son los ciento cuarenta metros más terroríficos que puedan imaginarse. En el *tee* me pregunto si podré lanzar la bola al *green*; si no, dónde será posible hacer un golpe de recuperación. Y tengo un *wedge* en las manos. Es mejor golpear contra el viento que a favor. En el duodécimo hoyo del Augusta pasa lo mismo. Prefiero lanzar contra el viento. Si el *green* está duro, es un terrorífico golpe a ciento cuarenta metros.

Y, sin embargo, algunos hoyos largos con par 3 tienen sentido. El octavo en el Oakmont en el U. S. Open de 2016 tenía doscientos setenta metros, pero estaba diseñado para ser largo. El hoyo está muy abierto por delante, donde la calle tiene de cuarenta y cinco a cincuenta y cinco metros. No es cuestión de lanzar doscientos treinta metros desde el *tee* hacia una zona pequeña. Yo no diseñaría un hoyo así. Pero el octavo del Oakmont funciona.

No participé en el U. S. Open de 2016, pero sí que jugué ese hoyo en el U. S. Open de 2017, cuando tenía unos doscientos cincuenta metros. Era muy raro jugar a esa distancia, pero no nos importó. Podía lanzar la bola hacia la derecha y hacer un *putt* a treinta metros del *green*, hacer un golpe de aproximación o llegar al borde delantero y hacer un *putt*. No iba a conseguir un *birdie*, pero era fácil estar en el par. Y lo peor que podía hacer era 4.

Pienso mucho en las condiciones de los campos y en lo que afectan al juego. Me gustaría que hubiera más campos consistentes y rápidos. Para mí es un desafío, porque el jugador ha de imaginar qué demonios va a hacer la bola después del lanzamiento desde el *tee*. Eso es mucho más interesante que golpear hacia el aire con el *driver* y que la pelota ruede un metro o dos. Después se utiliza un *wedge* o un hierro nueve o el palo que sea, se lanza y la bola cae y se queda donde aterriza. Pero si bota, hay que pensar el golpe mucho más. «¿Lanzo por esta esquina, porque si no la bola acabará en la hierba alta del otro lado? Pero si los *greens* son consistentes y rápidos, no puedo dar efecto desde la hierba alta. Estaré perdido. Tendré que volver a la calle. Y, si lo hago, el juego se alarga.»

Diseñar un campo para *amateurs* y profesionales sin que los hoyos sean muy diferentes entre sí es un gran reto. Se necesitan ángulos. Cuanto más lejos lance un jugador un *drive* en las calles que tienen ángulos, más difícil es acertar en la calle. Si Fred Funk lanza un *drive* en la misma dirección que Jason Day (excepto en un lanzamiento recto), llegará a la calle, mientras que la bola de Jason acabará en el otro lado, entre el público. Pete Dye es un arquitecto que presta atención a los ángulos. Ofrece todo tipo de *tees*, así que, cuanto más lejos llegues, más ángulo tiene la calle. La calle está en ángulo desde atrás, pero cuanto más avanzas, más recta se vuelve. Se añade distancia para crear ángulos.

El gran problema es que los jugadores lanzan la bola tan lejos que se necesita distancia, a menos que el campo sea muy consistente y rápido, como en los del Sandbelt australiano. De este modo, sí que se pueden jugar campos cortos en torneos. La bola puede caer en la hierba alta a ambos lados de la calle, lo que estrecha el campo. En el Royal Melbourne se puede disputar un campeonato porque es muy rápido. Pero el desafío desaparece si el campo está suave. Haríamos más de veinte bajo par. Aunque, quizás estaría bien. Al R&A no le importa la puntuación del ganador en el Open. La imponen las condiciones. Ha alargado las calles del Open, pero no las ha complicado.

El equipo no es lo único que ha cambiado el juego desde el Masters de 1997. Hay muchas nuevas tecnologías. En casa utilizo un simulador Full Swing Golf que me ayuda mucho. Me permite jugar en campos del PGA Tour y establecer que las condiciones en las calles y los *greens* sean consistentes o blandas. Los datos me dicen si con el *swing* que estoy haciendo llego adonde quiero llegar. Sé qué ángulo de lanzamiento tengo, qué efecto, la velocidad de la bola, el eje de rotación, la relación cara-recorrido y muchas cosas más. Esa información me ayuda a elegir el equipo.

Los monitores de lanzamiento también resultan muy útiles y algunos jugadores los llevan en el circuito, porque se pueden instalar en el campo de prácticas y comprobar datos similares a los que proporciona el Full

Swing Golf en un espacio cerrado. Estoy seguro de que, si hubiera tenido uno entonces, me habría resultado más fácil cambiar el *swing* después del Masters de 1997. No tenía esos datos. Me habrían ayudado a hacer con mayor rapidez los cambios que quería.

Aunque los monitores de lanzamiento también tienen una pega, que queda demostrada en el campo. Los jugadores los utilizan cuando golpean en superficies planas, sin adrenalina en el cuerpo. Si se desea tener datos exactos de lo lejos que se lanza con los hierros, esa no es la forma adecuada de obtenerlos. En un torneo se puede estar muy nervioso. El corazón late con fuerza muy acelerado y se lanza la bola más lejos, a veces como si se hiciera con un palo mayor.

En 1997 no tenía un monitor, pero sí acceso a vídeos; además, podía ralentizar las imágenes para ver la posición del *swing*. Necesitaba cambiar. A veces pienso en cómo le habría ido a Ben Hogan de haber tenido acceso a la tecnología que ha aparecido desde sus tiempos. Si hubiera tenido una cámara de vídeo, seguramente le habría resultado más fácil cambiar el *swing*. Y no digamos si hubiera tenido un monitor de lanzamiento.

Con todo, el vídeo también puede producir situaciones curiosas. En una ocasión estaba en Corea haciendo publicidad de Nike y vi a una niña que hacía un *swing* muy bonito. Le pregunté cuánto tiempo llevaba jugando y me contestó que un año. Me quedé sorprendido y le aseguré que tenía un *swing* excelente. Después le pregunté qué palos solía utilizar. Me contestó que nunca había jugado en un campo. Había aprendido ese *swing* en YouTube. Sabía cómo hacerlo y le encantaba practicar lanzamientos. No tenía ni idea de cómo se juega, pero su *swing* era impecable.

Trabajo la técnica todo el tiempo y uso toda la tecnología que me parece útil. En un campo de prácticas lanzo bolas a una distancia máxima de tres metros, si no hay viento. Pero con la adrenalina inherente a un torneo, puedo lanzarlas diez metros más allá. En un campo de prácticas es difícil simular tal situación. Ese es el momento en el que los jugadores entran en conflicto con la tecnología, pero es muy beneficioso entender lo que está haciendo el palo, lo que hace la cara, el ángulo de ataque y el plano del *swing*. Conocer esos datos resulta muy ventajoso, aunque no ayuda a salir de los árboles.

Confiar demasiado en los monitores de lanzamiento puede ser peligroso en el sentido de que consiguen que los jugadores dejen de confiar en su instinto. Nadie entra en los circuitos profesionales sin tener una tonelada de talento natural y capacidad para sentir el juego y los golpes que puede haber en un recorrido. Los profesionales, al igual que los *amateurs*, podemos tener problemas por depender tanto de agentes externos. Un buen ejemplo es cuando un *caddie* indica cómo alinearse a un jugador en una calle o, sobre todo, en un *green*. Debería estar prohibido. La colocación es responsabilidad del jugador. Los golfistas de la LPGA utilizan a sus *caddies* a todas horas para que les sitúen, algo que cada vez es más habitual en el golf masculino. Lo peor es cuando un *caddie* alinea a un jugador en un *putt* a seis metros de distancia. A mí me parece ridículo. ¿Cómo sabes que la hoja del *putter* no está alineada uno o dos grados y que vas a volver con la hoja del *putter* exactamente al mismo sitio? ¡Por favor!

Los jugadores que ganan, y que lo hacen a menudo, confían en su intuición. Once años después del Masters de 1997, cuando gané el U. S. Open en 2008 (mi decimocuarto grande y el más reciente) en una eliminatoria contra Rocco Mediate, en el último hoyo del juego regulado tenía que hacer un *putt* a cuatro metros y medio. El *green* no era en absoluto tan blando como los del Augusta y la bola iba a botar. Solo podían pasar dos cosas: que consiguiera hacer el *putt* o que lo fallara. Me aseguré de que la cara del *putter* contactara con el centro de la bola e intenté darle un ligero efecto hacia dentro. Tomé tales decisiones para contrarrestar tanto como pudiera las condiciones del *green*. A pesar de todo, la bola botó, tal como se ve en el vídeo. El *putt* entró. Tuve la misma sensación que cuando lancé a metro y medio en el último hoyo del Masters de 1997: esa bola entraba.

Epílogo

Y ahora, a los cuarenta y un años, cuando recuerdo el primer Masters que gané, soy consciente de la cantidad de cosas que han pasado desde aquel memorable domingo de abril de 1997. A los veintiún años no pensaba demasiado en tener hijos. Mi hija Sam, nacida en 2007, y mi hijo Charlie, nacido en 2009, son los niños de mis ojos. Estar tan unido a ellos me llena de alegría.

Su madre, Elin Nordegren, y yo estábamos muy enamorados cuando nos casamos en 2004. Pero la traicioné. Mi falta de honestidad y mi egoísmo la hicieron sufrir mucho. Elin y yo intentamos reparar el daño que había causado, pero no pudimos. Lo sentiré toda mi vida. A pesar de todo, ambos sentimos devoción por nuestros hijos y nos comportamos como buenos amigos cuando los cuidamos. Para nosotros, ellos son lo más importante en este mundo.

Ahora que estoy entrando en la madurez, cada vez me doy más cuenta de lo que mis padres significaron en mi vida. Ser padre me hace pensar en el mío aún más. Me enseñó, me sirvió de inspiración y me ayudó a tener confianza en mí mismo para salir al mundo, volar solo y aprender de mis errores. Espero ayudar a mis hijos a que hagan lo mismo. No puedo imaginar una sensación más gratificante que la de ver felices a mis hijos, elijan lo que elijan hacer.

Mi madre ha sido una sólida y cariñosa presencia en mi vida. Vive a poca distancia, en Jupiter, en una casa que diseñó ella y en la que hay una habitación para Sam y otra para Charlie. Adora a sus nietos. Siempre está pendiente de la familia y siempre la apoya. Hablamos muchas veces, siempre con el corazón en la mano.

Echo de menos las conversaciones con mi padre. Añoro sus consejos y su coraje. Le extraño todos los días, de muchas formas. Mi padre murió el 3 de mayo de 2006 y no pasa un solo día sin que piense en él. Mis malas decisiones personales también le habrían decepcionado. Su influencia en mí fue trascendental. De hecho, sigue siéndolo. Cuando murió, tuve que tomarme un tiempo libre. No había competido desde el Masters de 2006, en el que acabé tres golpes por detrás de Phil Mickelson. Me di cuenta de que había hecho algo que no le habría gustado a mi padre. Había jugado por otra persona, en esa ocasión por él. Siempre me había dicho que solo jugara por mí. Aprendí una lección, gracias a él, como siempre. La lección fue muy sencilla: solo debo jugar por mí.

Seis semanas después de que muriera, volví a jugar, en el U. S. Open. Durante el tiempo que transcurrió entre su muerte y ese torneo recibí mensajes de apoyo de todas partes del mundo, que agradecí de corazón. Pensé que estaba listo para volver a jugar, pero fue obvio que no lo estaba. No me clasifiqué. Fue la primera vez que no pasé el corte en los treinta y siete grandes que he disputado en mi vida. Tres semanas después, jugué en el Western Open de Chicago y empaté con el segundo clasificado.

A las dos semanas gané el Open Championship en el Hoylake de Liverpool. Cuando emboqué en el último hoyo, me eché a llorar. No suelo hacerlo, pero aquello volvió a demostrarme cuánto echaba de menos a mi padre. Sé que habría estado orgulloso de cómo me desenvolví en Hoylake, a pesar de que el campo estaba muy seco. En toda la semana solo lancé una vez con un *driver*, porque mi plan consistía en no llegar a sus profundos búnkeres. No me importó utilizar palos más largos en los *greens*. En el decimocuarto hoyo de la segunda ronda lancé con un hierro dos desde el *tee*, emboqué con un hierro cuatro y conseguí un *eagle*. El golf es un juego que requiere estrategia e imponer tu voluntad en cada golpe. Lo hice y di rienda suelta a mis sentimientos, tal como hice cuando gané el Masters de 1997.

Cada vez que juego el Masters recuerdo el abrazo que nos dimos mi padre y yo detrás del decimoctavo *green* después de embocar. Le habría encantado ser el abuelo de Sam y Charlie. Elin y yo elegimos el nombre de Sam en su honor. Tal como he contado, solía llamarme Sam cuando quería que supiera que estaba allí mientras estaba jugando; en realidad, en cualquier sitio. Pensamos en llamarla Samantha en vez de Sam, pero ese nombre no le habría honrado. Charlie se llama así por el abuelo Charlie Sifford. De no haber tenido tanto valor y de no haberse esforzado por erradicar la cláusula que solo permitía jugar a los blancos en el PGA, no habría podido jugar al golf profesional. No habría conocido a Elin, y Sam y Charlie no habrían nacido.

El abuelo Charlie murió el 3 de febrero de 2015; a menudo pienso en lo afortunado que fui al conocerlo y saber por lo que había pasado y lo que había superado. Lo consideraba mi abuelo adoptivo, en buena medida porque él me trataba como su nieto adoptivo. Estaba orgulloso de lo que había conseguido y estuvo siempre a mi lado. Su ejemplo me ayudó a salvar los obstáculos que se me presentaron.

En lo que respecta a mis logros en los campos de golf, mi padre predijo que ganaría catorce grandes: mientras escribo estas líneas a principios de 2017, esos son los que he conseguido. No tengo ni idea de por qué dijo esa cifra, pero sé que me habría animado para que intentara ganar más, si estoy dispuesto a dedicarle el tiempo y el esfuerzo que se exige para lograrlo.

He sufrido muchas lesiones. Entre 1994 y 2016 me practicaron cuatro operaciones en la rodilla y tres en la espalda. Y no fueron las únicas intervenciones a las que me sometí. Seguramente volví a jugar demasiado pronto después de alguna de ellas, pero sentía un deseo irreprimible por competir. Me forcé, en alguna ocasión quizá demasiado.

Por otra parte, si no me hubiera esforzado, no habría ganado el Masters de 1997 ni el U. S. Open de 2008. En ese torneo me caí al suelo varias veces debido a dos fracturas por fatiga en la tibia izquierda y por problemas con el ligamento cruzado anterior en la rodilla izquierda. Me lo había roto corriendo, pero pude jugar, porque el dolor aparecía después de golpear la bola. El dolor no cesaba, pero al menos podía hacer el *swing* como quería. A pesar de que superarse ante el dolor forma parte de la naturaleza de los deportistas, quizás hubiera sido más inteligente comportarse más sensatamente.

Después de las operaciones de espalda tuve problemas con el *swing*. La primera, en 2014, me apartó del Masters de ese año. El dolor por el que tuve que operarme aparecía durante el *backswing*, mientras me volvía detrás de la bola. Pero decidí no prestarle atención y hacer el *swing* a través de la pelota. ¿Contribuyó ese incesante deseo de seguir jugando por mucho que me doliera a tener más problemas físicos? No lo sé, pero volví a esforzarme.

Pagué el precio. En septiembre de 2015 tuve una segunda operación de espalda y unas semanas después un control posoperatorio en la misma zona. Esa vez no iba a volver a jugar demasiado pronto. Acabé tomándome más de un año de descanso. Echaba de menos competir, pero seguí los consejos que me dieron mis médicos.

Eso no quiere decir que lamente la decisión de seguir esforzándome. No me arrepiento de las decisiones que tomé. Apliqué muchos cambios en el *swing* para mejorar, pero también para compensar esas lesiones. Trabajé duro porque me gusta y porque creía que me endurecería física y mentalmente.

Además de lo satisfecho que estoy con mi récord en los torneos, también estoy muy orgulloso de lo que he logrado fuera de los campos de golf. Cuando mi padre y yo pusimos en marcha la Tiger Woods Foundation después de convertirme en profesional, lo hicimos para acercar el golf a los chicos de los barrios marginales y a las minorías. Normalmente doy una clase de golf en un campo público durante los torneos, tal como hice en el Masters de 1997.

Lo que nadie pudo prever fueron los ataques del 11 de septiembre de 2001. A pesar del horror, aquello avivó la resolución de muchas personas, entre las que me incluyo. Esa semana se disputaba el WGC-American Express en San Luis. El torneo se canceló inmediatamente y tuve que volver solo a casa desde Orlando, donde vivía entonces. Durante aquel largo viaje pensé que debía hacer más cosas en este mundo, en especial para los jóvenes.

De camino hablé con mi padre y le dije que quería cambiar algo en la fundación, pero que necesitaba un par de semanas para meditarlo. Mi padre me recordó que la familia, la educación y el deporte eran importantes, pero en ese orden. Entonces supe que quería que la Tiger Woods Foundation se centrara en la educación y no en el golf.

Cambiamos su enfoque: queríamos algo más grande.

Construimos el buque insignia del Tiger Woods Learning Center en Anaheim, California, cerca de mi ciudad natal, Cypress. Esa zona tiene un gran porcentaje de estudiantes que pertenecen a las minorías étnicas, así como una creciente población de estudiantes desatendidos con pocos ingresos. El día que llevé a mi padre a enseñarle el centro, iba en una silla de ruedas. Cuando vio a los jóvenes trabajando en distintos proyectos se le llenaron los ojos de lágrimas.

El Tiger Woods Learning Center (que ahora se llama TGR Learning Lab) se inauguró en febrero de 2006 y contó con la presencia del expresidente Bill Clinton y la primera dama de California, Maria Shriver. En la actualidad hay siete laboratorios repartidos por todo Estados Unidos, que se centran en la programación STEM (ciencia, tecnología, ingeniería y matemáticas), tan importante hoy en día.

Cuando pienso en todo lo que se ha conseguido hasta ahora, siempre recuerdo un momento que me confirmó que andábamos por el buen camino. Se preguntó a un niño que estaba en ese laboratorio de aprendizaje dónde había construido el cohete que había lanzado en el campo de prácticas de al lado. Contestó que lo había hecho en el laboratorio. Alguien le preguntó si sabía quién era Tiger Woods. Respondió que no. Aquello me recordó lo que es realmente importante: mejorar la vida de los demás, en especial de los niños. Mi nombre no importa. Algo que aún entendí mejor al ver crecer a Sam y a Charlie. La Tiger Woods Foundation y el TGR Learning Lab son mi forma de devolver algo a un mundo que me ha dado mucho.

He pasado treinta y cinco años en campos de golf y he trabajado tanto como he podido porque la batalla que libraba conmigo mismo y con los demás me hacía crecer. Alguien dijo una vez que nada supera lo que siente un jugador profesional cuando llega al último hoyo con posibilidades de ganar. Estoy de acuerdo. Es lo que más me gusta.

A pesar de todo, no sé cuánto tiempo seguiré jugando. Sé que seguiré trabajando con TGR Ventures, mi marca paraguas, y exploraremos otros campos. TGR es el segundo capítulo de mi carrera. Eso no quiere decir que me retire, sino que sigo haciendo planes para mi vida y mi legado, para cuando deje de jugar. Disfruté de mi papel como subcapitán en la Ryder Cup de 2016, que ganó el equipo de Estados Unidos capitaneado por Davis Love. Fue una prolongación natural de los consejos que he dado a jugadores como Rory McIlroy y Jason Day, entre otros. Les hablo de mi experiencia, pero nunca les digo lo que tienen que hacer, porque cada uno tiene una estrategia diferente. Con todo, si los jugadores creen que mi experiencia puede ayudarlos, me alegro de poder hablar con ellos, tal como Marko, Seve, Raymond, Arnold, Jack y otros hicieron conmigo.

Después de la Ryder Cup pasé un tiempo con los miembros del equipo de golf de Stanford. Comentamos lo que se necesita para jugar al golf profesional, como Arnold había hecho conmigo. Subrayé la importancia de tener un juego completo y equilibrado, así como lo vital que es ese juego. A menudo es necesario contar con una serie de golpes diferentes mientras se aprende a cómo jugar con los ángulos, qué golpes utilizar y con qué trayectoria. Solo puse en práctica mi mejor juego en la mitad de los torneos que he ganado. Tuve que resolver cómo avanzar por el recorrido sin seguir cometiendo errores conforme continuaba la ronda. He jugado al golf como profesional más de veinte años y he aprendido que es importante creer en lo que se está haciendo. No se puede triunfar como profesional si no cuentas con una fuerte e inquebrantable fe en tus posibilidades.

En anteriores Ryder Cups, preparé mi juego y estudié el de uno o dos jugadores con los que tendría en el equipo. En esa ocasión, como subcapitán, tuve un papel completamente diferente y decidí aplicar una suerte de enfoque militar. David era nuestro general; los cinco subcapitanes eran tenientes. Yo estaba a cargo de los cuatro jugadores de mi grupo: Dustin Johnson, Jordan Spieth, Patrick Reed y Matt Kuchar. Para mí eran un «equipo de fuego», nombre que en el ejército designa a una pequeña subunidad de infantería. Son los encargados de ir a los partidos y poner en práctica las tácticas que hemos decidido utilizar. Desde que mi padre me habló sobre sus experiencias, siempre me ha interesado mucho la estrategia militar. He leído un montón sobre el tema y he participado en algunas maniobras militares. Resultó natural y beneficioso pensar en términos militares en mi papel como subcapitán.

Me ocupé de asuntos como el aparcamiento, los pases para las familias, la ropa que se llevaría cada día, cómo ir de un lado a otro y cosas por el estilo. Mi labor también incluía aspectos desagradables, como decirle a un jugador que no iba a participar en un partido. Por ejemplo, tuve que excluir a Dustin de los cuartetos del sábado por la mañana: no fue fácil decirle al número dos del mundo que no podía disputar ese partido. Aunque eso no significaba que no formara parte del equipo. Si no se juega, se sale del campo y se anima a los compañeros. El sábado por la mañana fue allí a las cinco y media. Cuando nos reunimos en el primer *tee* para ver comenzar todos los partidos dijo: «Colega, de esto se trata». Me impresionó mucho.

Me alegré de poder preguntar a mis compañeros estadounidenses y me animó mucho poder acompañar a Patrick Reed en nueve hoyos en un frío día de entrenamiento en el que soplaba un viento considerable. Su entusiasmo resultaba contagioso. Cuenta con un cerebro analítico y creativo en lo que respecta al golf e irradia seguridad a la hora de hacer golpes convencionales y golpes que requieren imaginación. No me sorprende que Jordan Spieth lo apodara Capitán América. Jugó todos los partidos y consiguió tres puntos y medio de los cinco posibles. Me presionó para que le dijera a Davis que quería jugar los cinco partidos. Y lo hice.

Fue divertido formar parte de un equipo estadounidense ganador de la Ryder Cup, sobre todo porque Europa nos había ganado en seis de los siete torneos anteriores. Me metí tanto en la Ryder que acepté rápidamente la invitación del capitán Steve Stricker de ser el subcapitán en la Presidents Cup de 2017. Strick y Davis son buenos amigos desde hace tiempo; cuando me pidieron que fuera el subcapitán, no me costó nada aceptar. Espero clasificarme para formar parte del equipo de la Presidents Cup. Aun así, si no lo consigo, puedo decir que en la Ryder Cup aprendí que ser asistente de capitán es un buen modo de formar parte de un equipo. Cuando era *amateur* representé a Estados Unidos en equipos internacionales; luego lo he hecho como profesional en la Ryder Cup y en la Presidents Cup. Los jugadores maduros y con más experiencia me ayudaron siempre que les pedí consejo. Ahora que llevo más de veinte años como profesional, me alegro de poder ayudar a jugadores jóvenes. Imagino que forma parte del ciclo del golf.

Me han pasado muchas cosas dentro y fuera de los campos de golf: lesiones, cambios en el juego y en el equipo, me he casado, he tenido hijos y me he enfrentado a un divorcio que se convirtió en un *affaire* público. A veces ha sido muy duro. Algunos de esos grandes cambios desde que gané en 1997 tienen que ver con la Red, que entonces solo estaba empezando. Ahora todo el mundo tiene un teléfono con cámara, tiene cuenta en las redes sociales y envía información en directo. Por eso soy más comedido y me resulta difícil abrirme cuando no estoy seguro de qué puede pasar.

Sin embargo, siempre he confiado en mi fortaleza para hacer frente a lo que la vida me depare. Le di la vuelta al Masters de 1997 después de los primeros nueve hoyos. Veinte años después, valoro mucho más lo que eso significó para mí. Espero ganar una o dos chaquetas verdes más; no obstante, si no lo hago, siempre recordaré la subida del domingo del Masters hasta el decimoctavo *green*, donde me esperaban mis padres.

Una última reflexión: en 1997 vivía solo para el golf. Tal vez ahora las cosas no sean tan así, pero aún deseo competir, aunque, claro, soy consciente de que físicamente ya no puedo hacer lo que quiero. Sé que cuando deje de jugar torneos de golf lo echaré de menos. Pero todavía me encanta estar en el campo de prácticas y salir por la tarde a jugar unos hoyos: solo la pelota, el campo y yo. «Competir» sigue siendo mi palabra favorita y seguramente siempre lo será.

Mis padres me dijeron que no pasa nada por fracasar, siempre que se dé todo lo que se tiene.

He dado todo lo que tengo.

Agradecimientos

Quiero dar las gracias a mis padres por enseñarme lo que es importante y por apoyarme en todo lo que me ha sucedido en esta vida. A mis hijos Sam y Charlie, que continúan enseñándome cómo ser el mejor padre y la mejor persona que pueda, un día sí y otro también.

A los miembros y al personal del Augusta National, que dirigen el torneo más impresionante del mundo. Agradezco su esfuerzo por conseguir que el Masters sea el mejor torneo, por mejorarlo año tras año y por su ayuda en este libro.

También quiero dar las gracias a los patrocinadores del Masters. Me han apoyado desde el primer Masters que jugué, en 1995, y todas las veces que lo he disputado desde entonces.

Mis compañeros profesionales, en especial a Mark O'Meara y a Notah Begay, han sido buenos amigos y han compartido su sabiduría conmigo. He sido muy afortunado al poder consultarles a lo largo de los años.

Mi *caddie*, Mike, *Fluff*, Cowan, fue importantísimo cuando jugué el Masters de 1997. Sus consejos y su habilidad para decir la frase adecuada en el momento preciso son inestimables.

Mi fundación y los niños que participan en sus programas me inspiran. Algunos de los momentos más memorables fuera de los campos de golf los he pasado con ellos.

Me gustaría dar las gracias a Mark Steinberg, mi agente, y al equipo de TGR, de los que me enorgullezco todos los días.

Jerry Chang, Mikey Gout y Kathy Battaglia se aseguraron de que todo fuera bien en la casa en la que estuvimos durante el Masters de 1997.

Butch Harmon me ha enseñado mucho y me ayudó a sacar lo mejor de mí.

También quiero darle las gracias a Phil Knight, que se arriesgó con un niño gamberro cuando se hizo profesional.

A Tim Carroll, que nos ofreció su tiempo, conocimiento y experiencia.

Finalmente, quiero dar las gracias a Lorne Rubenstein por convertir mis ideas e historias en este libro, y a mi editora, Gretchen Young, y a su ayudante, Katherine Stopa, de Grand Central Publishing. Gracias también a la presidenta y directora de Grand Central, Jamie Raab; al editor asociado, Brian McLendon; y al director de publicidad, Jimmy Franco. Disfruté mucho trabajando con ellos.

Índice onomástico

K

L

M

N

Este libro utiliza el tipo Aldus, que toma su nombre
del vanguardista impresor del Renacimiento
italiano Aldus Manutius. Hermann Zapf
diseñó el tipo Aldus para la imprenta
Stempel en 1954, como una réplica
más ligera y elegante del
popular tipo
Palatino

***

**

*

El Masters de mi vida. Mi historia
se acabó de imprimir
un día de primavera de 2017,
en los talleres de Liberdúplex, s.l.u.
Crta. BV-2249, km 7,4, Pol. Ind. Torrentfondo
Sant Llorenç d'Hortons (Barcelona)

***

**

*